BRUNO MEIER

A VIDA É UMA
festa

Copyright © Bruno Meier, 2015

Direitos de edição da obra em língua portuguesa no Brasil adquiridos pela Casa dos Livros Editora LTDA. Todos os direitos reservados. Nenhuma parte desta obra pode ser apropriada e estocada em sistema de banco de dados ou processo similar, em qualquer forma ou meio, seja eletrônico, de fotocópia, gravação etc., sem a permissão do detentor do copirraite.

Rua Nova Jerusalém, 345 – Bonsucesso – 21042-235
Rio de Janeiro – RJ – Brasil
Tel.: (21) 3882-8200 – Fax: (21) 3882-8212/8313

CIP-BRASIL. CATALOGAÇÃO NA PUBLICAÇÃO
SINDICATO NACIONAL DOS EDITORES DE LIVROS, RJ

M447a

    Meier, Bruno
       Amauri Jr : a vida é uma festa / Bruno Meier. - 1. ed. - Rio de Janeiro : HarperCollins Brasil, 2015.
       288 p. : il. ; 23 cm.

       ISBN 978.85.2203.230-3

       1. Ferreira Junior, Amaury de Assis, 1950-. 2. Jornalista - Brasil - Livro-reportagem.
I. Título.

CDD: 920.5
CDU: 929:070

A Simone, Oscar, Luiza e Marjorie.

SUMÁRIO

COMO NASCEU *A VIDA É UMA FESTA* — 7

1 ESSE É AMAURY JUNIOR — 11

2 ESSE MENINO! — 17

3 OS SEGREDOS DE AMAURY PARA UMA FESTA DE ARROMBA — 29

4 TÃO JOVEM, E JÁ UM SUCESSO — 33

5 A NOITE É UMA CRIANÇA — 43

6 A DOCE VIDA — 53

7 UM SONHO E UMA DERROTA — 57

8 ELE E ÀS LOIRAS — 63

9 PAI CALADO, FILHA DESTRAMBELHADA — 79

10 AI, QUE LOUCURA! — 91

11 E ATÉ O AMAURY CAIU NESSA — 95

12	AS MULHERES DOS PODEROSOS	**103**
13	SÃO PAULO É O LUGAR	**115**
14	TANTA COISA NA CABEÇA	**133**
15	COMO SER UM MILIONÁRIO	**141**
16	INSPIRAÇÕES E IMITAÇÕES	**149**
17	UM MILHÃO DE CONHECIDOS, UNS POUCOS AMIGOS	**153**
18	OS AMAURYS GENÉRICOS: SIM, A VIDA DELES É DOCE TAMBÉM	**161**
19	CELINA, A "TCHELLA"	**167**
20	O DEMÔNIO DA DEPRESSÃO	**179**
21	BAILE DE CARNAVAL É TUDO	**187**
	PARA TERMINAR	**197**

COMO NASCEU
A VIDA É UMA FESTA

N o dia 13 de janeiro de 2014, recebi um e-mail de Telma Cascello, então assessora de imprensa de Amaury Junior, propondo um encontro com o apresentador. Achei um pouco estranho. Almoços, cafés e encontros são comuns entre jornalistas e suas fontes, mas dificilmente a iniciativa parte de grandes nomes da música, do cinema e da televisão. Telma argumentou que o perfil das matérias de minha autoria na seção de Artes & Espetáculos da revista Veja, onde trabalho há quase sete anos, sugeria que seu assessorado poderia vir a ser uma boa fonte, ou mesmo o personagem de uma futura reportagem. Topei, mas não foi fácil marcar. Quando ele podia, saí em férias. Quando voltei, ele gravava sem parar, no estúdio ou fora do país. Em junho, porém, a cantora Fafá de Belém citou Amaury em uma entrevista na qual me falava sobre os encontros que organizava em casa com os presidenciáveis nas eleições do mesmo ano. "Qual o segredo de um bom anfitrião?", perguntei. "Nunca vender a nenhuma revista o que se passa aqui em casa. Um dia, alguém me disse que o Amaury Jr. queria participar. Eu disse: 'Ele pode vir como pessoa física. Nada de cinegrafista'." Acho que, de alguma forma, essa entrevista mudou o jogo: no dia 12 de agosto, eu finalmente estava diante de Amaury Junior.

Conversamos sobre televisão, as mudanças nos meios de comunicação, quedas de receita de publicidade nos veículos tradicionais de mídia, a queda nos índices de audiência na TV aberta e os 35 anos de carreira de Amaury no colunismo social. Pronto. Cheguei a ele. Falei que, se ele decidisse contar tudo o que vira e vivera nesse período, daria uma entrevista de tirar o fôlego. Ele respondeu que só poderia contar 50% dos casos. "A esta altura da vida, não quero processos nem advogados na minha porta." Fiz cara de paisagem, mas por dentro sabia que estava diante de um personagem de potencial avassalador. Casos da noite, da televisão, dos grandes nomes que já passaram por seu programa: Amaury é o retrato da sociedade brasileira nas últimas décadas. Arrisquei uma estratégia: disse que só retomaria a ideia de uma entrevista quando ele decidisse contar os 100%. Sempre um negociador, Amaury respondeu que, ok, contaria 80%. E contra-atacou: disse que sua vida não era coisa de entrevista — ela daria um livro. E fez a pergunta que mudaria meus dias, minhas noites e meu ano: "Você não quer escrever?"

"Eu topo, vamos lá." Procurei imediatamente Kaíke Nanne, publisher da HarperCollins Brasil, e ele exultou: "Ligue agora para ele e diga que o livro é nosso." Em questão de um mês, estávamos os três sentados no restaurante Spaghetti Notte, em São Paulo. Ali, sem Amaury perceber, começava a apuração. Quem era o homem que entrava nos restaurantes mais caros e prestigiados da cidade, era recebido com olhares de todos os clientes e ia embora sem tirar um cartão de crédito da carteira, apenas colocando sua assinatura na conta? Quem era o homem que, apesar do sorriso cativante e de ter festas grandiosas como seu ambiente de trabalho, interrompeu duas vezes o almoço para atender o psiquiatra que queria regular a dosagem de seu antidepressivo? Quem era o homem que recomendava os pratos mais caros do cardápio (comi um spaghetti à carbonara muito bom, mas nem tanto que justificasse os 99 reais) e logo pedia um vinho branco para começar? Aliás, bendito seja o vinho!

Saímos os três do restaurante empolgados com o projeto, mas sem muitas definições. Seria eu um ghost-writer? Ele abriria, de fato, toda sua vida?

A primeira reunião aconteceria apenas meses depois, em fevereiro de 2015. Mas aí eu já tinha iniciado a bateria de entrevistas com amigos, familiares, patrocinadores, adversários, funcionários e ex-funcionários para conhecer as histórias que ele não tinha contado e comprovar seus relatos.

Tive, durante todo o processo, aproximadamente cinquenta encontros com Amaury, iniciados em sua produtora, onde tinha de dividir sua atenção com as gravações do dia e os telefonemas de empresários e políticos querendo apresentar projetos para divulgar. Sugeri, desde o primeiro encontro, que o livro tivesse três pilares: um livro-reportagem sobre o menino de Rio Preto que se transforma no Amaury Junior; as histórias que o colunista viu e viveu em mais de três décadas; e a minha visão de seu habitat, as festas.

A primeira vez que o acompanhei foi no tradicionalíssimo baile de Carnaval do Copacabana Palace, no Rio de Janeiro. Nesse tipo de evento eu sentiria o que ele jamais poderia contar: como Amaury é recebido, as personalidades que o cercam, como sua assistente o lembra do nome de pessoas e de "causos", as bebidas, o assédio, os presentes que recebe. Foi nessa festa que ele me confidenciou, com uma taça de champanhe Chandon na mão, algo que ajudaria em muito o meu trabalho: "Eu confio em você. Por isso, embarquei. Se fosse outro, já teria pulado fora." Nos meses seguintes, Amaury se tornou cada vez mais próximo e revelador. Falava abertamente sobre todo e qualquer assunto. Nunca se esquivou de um tema ou tentou estabelecer algum controle e, o melhor, não pediu em nenhum momento para ler o que eu iria escrever. Nas sessões finais em seu apartamento, quando estávamos acompanhados por Celina, a companheira de quatro décadas e colaboradora em sua muito bem-sucedida carreira, cada encontro chegava a durar seis horas seguidas, interrompidas por um vício quase igual à obsessão que Amaury tem por remédios e pílulas de vitamina. "Tchella, quero tomar champanhe. Eu e o Bruno. Chega de entrevista." E lá chegava com toda pompa uma garrafa do champanhe francês Cristal. "Vivaaa! A palavra mais bonita da língua francesa é... fluté", comemorava ele, enquanto olhava para a taça e as bolhas que subiam.

Este é um livro sobre a vida de um homem que sempre pensou em se tornar grande, virou o maior em sua área de atuação e faz parte da história da sociedade e da televisão brasileiras nas últimas décadas. Foi e é a janela para conhecer um mundo não muito acessível para milhões de espectadores. Espero que este seja um livro que dê ao leitor, acima de tudo, prazer. Em certos momentos tensos, entre a necessidade de cumprir os prazos estabelecidos pela editora e a solidão dos fins de semana imersos na escrita dos capítulos, eu me lembrava de Amaury e da escolha do título deste livro: A vida é uma festa! Portanto, divirta-se, cheers!

BRUNO MEIER
NOVEMBRO DE 2015

1

ESSE É AMAURY JUNIOR

Passa pouco das nove e meia da noite quando Amaury Junior deixa seu quarto no Copacabana Palace, hotel símbolo do Rio de Janeiro, localizado na avenida Atlântica, em Copacabana, e desce ao lobby acompanhado da mulher, Celina. Está de *black-tie*, vestido num *summer* bem-passado feito pela alfaiataria Camargo, e calça sapatos pretos de verniz, confortáveis, para aguentar horas e mais horas em pé. Chega ao lobby do luxuoso hotel com um sorriso no rosto. Alguns minutos depois, pede uma bebida: está sedento por uma taça de champanhe. Recebe um "não", palavra que não costuma escutar por ali: a festa ainda não começou. Lá fora, faz mais de trinta graus de um sábado quente em pleno Carnaval carioca, dia em que os turistas e os foliões se dividem entre o tradicional baile do Copa, o que resta dos blocos de rua e o desfile na Sapucaí — que, em 2015, deu à Beija-Flor o primeiro lugar com o suposto patrocínio do país africano Guiné Equatorial.

Com a negativa da bebida, ele acende um cigarro eletrônico (tanta boa intenção não vai durar muito: em alguns meses, Amaury já estará de volta ao vício de décadas). Está elétrico, sorridente, falante.

"Sabe o que todo artista, seja ele de teatro, telenovela ou cinema, quer? Ele quer ser reconhecido e amado. E nunca é o bastante. Falo por mim: a maioria que chega perto eu acho que está puxando meu saco. Confundo tudo, nunca sei quem é verdadeiro. Olha que ruim isso." De fato, todos à volta olham para ele quando passam por perto. Os mais jovens pedem fotos e se divertem. Estão diante do homem que serviu de inspiração para a criação de Amaury Dumbo, personagem vivido pelo humorista Márvio Lúcio, do *Pânico na Band*, programa de televisão que, quando estava no seu auge, conseguia o pico de audiência com a imitação de Amaury, nas noites de domingo. Amaury, o verdadeiro, adora a homenagem e diz que as crianças o reconhecem nas ruas graças à imitação, mas questiona se é tão expansivo quanto o personagem do *Pânico*: "Você acha realmente que eu chego nas pessoas e falo 'meu amigoooooo', como se tivesse intimidade com elas?"

A dúvida não demora a ser respondida. Instantes depois, quando avista o criador da marca de jeans Dijon, ele se empolga: "Meu amigoooo Humberto Saade!" Não precisava dizer mais nada. Na entrada do hotel, Saade diz se orgulhar por ter sido o responsável pela vinda de Amaury pela primeira vez ao Rio de Janeiro nos anos 1980. Descobridor de Luiza Brunet, o empresário conta empolgado sobre os planos de relançar sua marca e a decisão de colocar a namorada, uma jovem de vinte e poucos anos, como estrela do ensaio que já consagrou Brunet. E nem se importa com os olhares daqueles que o veem, aos 76 anos, encaixado nos braços de sua atual companheira.

Com Amaury é assim: os mais velhos relembram histórias do colunista social no Rio de Janeiro e os mais jovens pedem selfies. Amaury ouve, mas está de olho em tudo e em todos. A essa altura, já começa a se formar ali uma massa de pessoas que tentam se aproximar do apresentador para aparecer de alguma forma em seu programa. Entre os que cercam Amaury está a turma do musical

Chacrinha, que aguarda a chegada do jornalista Pedro Bial ao Copacabana Palace, após uma edição ao vivo do *Big Brother Brasil* — Bial, aliás, acabaria nem dando as caras —, o ex-secretário de turismo do Rio de Janeiro Claudio Magnavitta e uma participante do programa *The Voice Brasil*, que aparece com um presente, um pacote simples, humilde. Cada um presenteia o apresentador como pode: meses depois, ele receberia em sua casa uma entrega bem diferente, com meia dúzia de garrafas do champanhe francês Armand de Brignac Rosé, no valor de quatro mil reais a unidade — cortesia do empresário Hugo Salomone, do Grupo Savoy.

A variedade dos convidados é imensa. Estão lá os representantes da velha guarda carioca, com sobrenomes que já brilharam em colunas sociais da cidade. Senhores mais velhos acompanhados de moças até cinquenta anos mais novas, como é o caso de Humberto Saade. Atores e cantores consagrados, do sambista Martinho da Vila à sertaneja Paula Fernandes. Atores e cantores em ascensão — o ator Mario Frias desfila com a namorada. Jornalistas, como a apresentadora da Rede Globo Ana Paula Araújo. Mulheres mais velhas à caça de homens, jovens querendo ser vistos.

O baile está prestes a começar e Amaury é avisado de que os poucos fotógrafos e repórteres de sites autorizados a estar ali teriam de entrar por uma porta traseira. Ele entende, por engano, que teria de seguir seus colegas de imprensa. "De jeito nenhum. Sou convidado", adianta. E tem razão. São 27 anos de cobertura da festa e, acompanhado de Celina, Amaury passa pelo tapete vermelho. É reverenciado por um público de aproximadamente cem curiosos que se instalam em frente ao hotel para ver os convidados famosos. "Amauryyyyyy!", começa um. Uma senhora o chama: "Eu amo teu programa!" Outra voz surge atrás: "Amaury Dumbo!"

Foi dada a largada. O *Programa Amaury Jr.* começou.

Entram em cena, neste momento, dois profissionais que são os braços direito e esquerdo de Amaury durante as gravações: os paulistas Leandro Sawaya e Paola Novaes, diretores de seu programa na RedeTV!. São eles que circulam pela festa atrás de personagens que serão entrevistados naquela noite. Paola exerce ainda uma função crucial: é a memória do patrão. Faz isso ao segurar as dálias (papéis estrategicamente posicionados ao lado da câmera) que abastecem Amaury de informações durante a entrevista. Paola se autodefine como a estagiária Andrea Sachs (Anne Hathaway), braço direito de Miranda Priestly (papel de Meryl Streep) no filme *O Diabo Veste Prada* (2006), pois fofoca no ouvido do chefe sobre casos e pessoas de que ele não se lembra mais.

Um episódio da festa do Copacabana Palace ilustra bem a atuação de Paola:

Paola: Amaury, vou trazer agora a Ana Botafogo para você entrevistar. Presta atenção: ela namora o Edson Pinto, aquele advogado do empreendimento em João Pessoa que contratou você recentemente para anunciar o lançamento imobiliário dele.

Amaury: Edson? Ele já me contratou?

Paola: Sim.

Amaury: Não faço ideia de quem seja.

Paola: Eles estão vindo aí. O nome dele é Edson Pinto.

[A bailarina Ana Botafogo se aproxima, Amaury abre um sorriso e a câmera é ligada:]

Amaury: Estou vendo a Ana Botafogo. Sabe o que *tô* lembrando? Você foi a primeira bailarina a sambar na ponta da sapatilha. Podemos fazer uma pesquisa internacional, não temos a menor dúvida de que você foi a primeira. Você consegue ficar na ponta dos pés? Ai, que vontade de te ver na ponta dos pés!

[Ana nega o pedido. Amaury olha em volta das câmeras, procurando o namorado da bailarina.]

Amaury: Cadê o Edson Pinto? Vem cá, Edson, tudo bem? Fala, Edson, da Ana Botafogo.

Edson: Eu não tenho muito o que falar, todo mundo sabe que ela é maravilhosa.

Câmera desligada e Amaury conversa com o casal como se fosse amigo de longa data. Lembra, muito depois, que Edson já desembolsara mais de duzentos mil reais para ter a imagem do apresentador associada a um projeto imobiliário.

Passa das quatro horas da manhã e Amaury desmonta numa cadeira, com os olhos cerrados. Está cansado, mas um rapaz de uns trinta anos pede para gravar um vídeo com ele: "Amaury, manda um beijo para a Ellen, que é apaixonada por você." Ele grava, ri, dá um beijo no rosto do sujeito e volta para a mesa. Come caviar e camarão de que acabara de se servir de uma mesa repleta. Aceita mais uma taça de Moët & Chandon e faz cara feia: "Ah, que champanhe ruim. Quando você for lá em casa, vou te servir Chandon vindo da França", diz ao autor deste livro. "Aquele é que é bom. Este aqui é péssimo."

Uma fila de mulatas, que faziam parte do show nos salões do hotel, passa sambando à sua frente. Ele vibra, sentado, e toma mais champanhe. "Os maiores malfeitores da história eram abstêmios. Hitler, Stalin, todos os ditadores eram abstêmios. Lula jamais será um ditador. Beber coloca a sua sabedoria para fora. Quem bebe é melhor amante, melhor marido, melhor empregador. Desconfie dos abstêmios", diz.

Paola tenta gravar o encerramento do programa. Seria uma fala simples, com o apresentador olhando para a lente da câmera e despedindo-se de mais uma cobertura de Carnaval. A diretora desiste quando percebe que, após cinco horas com uma taça de champanhe na mão, ele enrola a língua ao falar as primeiras palavras. Celina o pega pelo braço e o leva para o quarto. Na outra mão, carrega os pacotes de presentes que o marido recebeu durante a noite.

Está encerrada a cobertura do Carnaval 2015. Viva!

ESSE É AMAURY JUNIOR, um dos mais populares e mais longevos apresentadores da TV brasileira, criador de um formato campeão na televisão: o colunismo social eletrônico, que inspirou centenas de apresentadores genéricos pelo país e nunca o deixou sair do ar em 35 anos de carreira.

Esse é Amaury Junior, filho do rígido professor Amaury, que o fez construir um extenso repertório a ponto de nunca faltar palavras em suas colunas nos jornais ou nas entrevistas na televisão. O jovem que era paparicado nas rodas sociais mais prestigiadas de São José do Rio Preto e que deixou todas as regalias para trás para cobrir enchente de rua na TV Tupi, em São Paulo. O sujeito que percebeu que para se dar bem na televisão era preciso ser protagonista. O repórter que aguçou a imaginação do público com a cobertura de festas de luxo e viagens para destinos exclusivos dos muito ricos. O homem que já embolsou um milhão e meio de reais por mês com um programa matinal de TV. Ou que, mesmo sem cantar nem compor, vendeu um milhão de CDs apenas com seu nome. O profissional que esnobou uma sondada de Boni para ser funcionário da Globo. O convidado que fumou no Palácio de Versalhes com Paulo Coelho, numa festa promovida por Lily Marinho. Aquele que entrevistou João Gilberto. Em Rio Preto, foi dono de jornal. Em São Paulo, dono de revista e empresário de balada de luxo.

Não há uma única celebridade no país que não tenha sido entrevistada ao menos uma vez por Amaury: de presidentes da República aos maiores nomes do empresariado, esportistas, cantores, atores e artistas.

Quem é esse homem?

Esse é Amaury Junior.

2 ESSE MENINO!

Um Interlagos conversível bordô, sem capota, estaciona no consultório do Dr. Aniloeu Nazareth. Sai do carro o filho do professor Amaury, com cara sofrida e a mão nas partes íntimas. Ia ao médico com uma série de reclamações: sentia dor na hora de urinar, o pus que saía do canal da uretra manchava sua cueca, toda a região estava inflamada. O adolescente deitou na mesa do consultório, abriu as pernas e fechou os olhos para segurar o grito de dor quando o doutor pincelou toda a região do pênis com um algodão embebido em iodo. Estava tudo redondo, de tão infeccionado. Tinha quase dezessete anos e era a sétima vez que estava com gonorreia.

Amaury Junior era o rei de São José do Rio Preto. Era assim que se sentia. Assinava a coluna social do principal jornal da cidade e se metia em todos os negócios possíveis para aumentar a renda — da produção de revistas cujo destaque era o concurso das dez mulheres mais elegantes do interior paulista à apresentação de pocket shows no Automóvel Clube, ponto de encontro da *high society* da cidade. Só seu Willys Interlagos já chamava atenção: em todo o Brasil havia apenas oitocentas unidades do carro, produzido entre 1961 e 1966, que chegava a atingir 160 quilômetros por hora e acelerava de 0 a 100 em 14 segundos, recorde absoluto na época. O publicitário Mauro Salles, que se tornaria o primeiro chefe de Amaury em São Paulo, na TV Tupi, foi quem batizou a versão brasileira do Renault Alpine como "Interlagos", numa alusão ao autódromo paulistano. Para Amaury, o automóvel tinha outro nome: abatedouro. Era nele que, com uma música romântica tocando no rádio, fisgava as jovens rio-pretenses.

As aventuras dentro do conversível não eram as únicas do adolescente. Seu esporte preferido era pagar para ter acompanhantes ao seu lado. Toda cidade, seja grande ou minúscula, tem um bordel famoso. Jorge Amado retratou o cabaré Bataclan em *Gabriela, Cravo e Canela*. A casa da Eni era a maior atração na cidade de Bauru, no interior paulista. Quem mora na catarinense Joinville sabe que a Marlene é o lugar das meninas que têm seu valor. Em São José do Rio Preto, a casa da Olga era o destino dos marmanjos que desembolsavam um troco atrás das mulheres. E foi nos domínios de Olga que Amaury pegou sete vezes a doença que no início da revolução sexual era tratada pelos rapazes com a displicência de um resfriado. Numa era pré-Aids, todos transavam sem proteção. As garotas da Olga chegavam a ter quinze encontros por noite.

A primeira experiência sexual de Amaury Junior foi aos quinze anos, com uma prostituta de cujo rosto ele nem se lembra mais. Seu tio Aristeu Ceribelli, pai da jornalista Renata Ceribelli, o acompanhou em sua estreia. A ida à zona da cidade virou parte de sua vida social, acompanhado sempre dos amigos Roney Signorini, Valdo e Vitoriano Matos, Sergio Dória e Júlio Dias. O grupo tinha até um pacto de vingança para as casas noturnas que os tratavam mal, em geral por não terem um sobrenome famoso que se traduziria em cifras. A turma fabricava bombas caseiras para estourar nos relógios antigos que ficavam em frente às residências e funcionavam como uma espécie de caixa que distribuía a energia das casas. Subiam de carro até uma esquina próxima para observar. E, de repente, *POOOOOOOW*. "Arrebentamos mais uma. Era nossa vingança contra as putas", lembra.

Sem dinheiro para esbanjar, a turma liderada por Amaury tinha outro truque: se elas faziam cara feia para os rapazes, eram eles que passavam a perna nelas instantes depois. Quando uma moça ia ao banheiro, era a hora de abrir a primeira gaveta da penteadeira, onde ficava o dinheiro. Rapidamente, o malandro enfiava as notas no bolso e as usava como pagamento, assim que a mulher voltava.

Eis que surge certa vez Maria Eni, uma das mais novas e belas garotas da Olga. Esguia, alta, magra, com os peitos proporcionais ao estilo do corpo e voz aflautada, Eni era a gostosa do pedaço. Tinha uns dezessete anos e era cunhada de um pianista famoso da cidade. Fazia pouco tempo que estava ali. Um belo dia, com a menstruação atrasada, descobriu que esperava um bebê. Ligou, então, para a redação do jornal *Diário da Região* atrás do repórter Amaury Junior:

— Estou com um problema. Estou grávida de você.

— Você é maluca? Você é uma doida, desvairada.

Desligou o telefone. O chamado de Eni com a notícia de que a criança que ela carregava era do colunista Amaury Junior espalhou-se pela cidade. Como é típico de um lugar em que todas as famílias de classe média se conhecem, o boato ganhou força até chegar aos ouvidos do rígido e sério professor Amaury. E aí o negócio mudava de figura.

A ORIGEM

Quem chega a São José do Rio Preto, saindo do avião ou entrando de carro pela rodovia Washington Luís, esbarra de repente com o bafo. É essa a sensação de quem visita a cidade pela primeira vez, o cartão de visita para os novatos: aquele calor que cola ao corpo como segunda pele, uma força de ar quente como banho turco, ardente como incêndio na selva.

Afora as temperaturas de 38 graus que se abatem sobre a região com certa regularidade, a cidade atualmente é destaque em vários segmentos. É uma potência na criação de empregos entre as cidades brasileiras com até 550 mil habitantes. Desde 2010, foram criadas 28 mil vagas de trabalho ali. O comércio e a saúde são os setores mais ativos de Rio Preto, que é como seus 430 mil moradores chamam a cidade, localizada a 440 quilômetros de São Paulo. Em 2015, dois novos shoppings com perfis diferentes, um popular e o outro mais sofisticado, foram abertos por lá — um deles com investimento de 293 milhões de reais.

Em Rio Preto, 93% da água e 90% do esgoto são tratados, o que põe o município na 24ª posição do ranking das cidades com melhor saneamento — à frente do Rio de Janeiro, de Florianópolis e de Porto Alegre. É destino de pacientes que chegam do país inteiro atrás de tratamento de referência para HIV e câncer, transplantes de órgãos e tecidos e cirurgias cardíacas e plásticas. Seu PIB triplicou na última década, e chegou ao valor de 9,7 bilhões de reais. O PIB per capita é ainda mais chamativo: 23.615 reais, na dianteira de capitais como Fortaleza, Recife e Cuiabá.

Esse crescimento da cidade não é um fenômeno novo. Na década de 1960, já se observava um movimento na sociedade local rumo ao desenvolvimento. De acordo com a primeira edição da *Rio Preto Chic*, revistinha idealizada por Amaury em 1964:

> *Quem visita Rio Prêto não consegue deixar de lado um real*
> *espanto com o nosso grande progresso, e sempre, daí por diante,*
> *diz maravilhas desta terra. É que, de um modo geral, ninguém*

espera encontrar no interior do Estado — numa região, vamos dizer com justiça, sertaneja — uma cidade em plena ascendência, uma cidade fervilhante de progresso. Uma verdadeira metrópole.

Mesmo quem aqui reside não deixa de se surpreender às vêzes com esse admirável crescimento, e, merecidamente, não deixa de ter orgulho em ser chamado riopretense.

Conforme Rio Prêto se desenvolve, crescem também as atividades sociais, e temos assim mais e melhores cinemas, clubes mais modernos, uma sociedade mais ativa. Bailes, promoções grandiosas dos nossos clubes, aniversários, brincadeiras dançantes, reuniões, tudo isso de que toma parte a gente CHIC de Rio Prêto é comentado em nossas colunas sociais.

O rapaz já levava jeito para a coisa.

O PAI

Amaury de Assis Ferreira era seminarista em São José do Rio Preto quando conheceu a mulher, Clélia. Estavam na mesma sessão de um circo que acabara de chegar à cidade. Trocaram olhares, e Clélia rapidamente foi alertada pela mãe: "Você está flertando com ele e isso não está certo. É um pecado mortal namorar esse rapaz. Ele será padre."

De nada adiantou. Os dois se casaram, e Clélia engravidou. O começo foi difícil. Clélia perdeu o primeiro filho com poucos meses de gestação. Descobriu, tempos depois, que estava grávida de gêmeos, mas recebeu a notícia de que a gravidez havia sido interrompida naturalmente. Até que a terceira tentativa vingou.

Enquanto o marido viajava a trabalho, fazendo uma maratona de aulas de português pelo interior paulista, Clélia deu à luz Amaury de Assis Ferreira Junior, no dia 28 de setembro de 1950, em Catanduva, a 384 quilômetros de São Paulo. O casal registrou o filho em Catanduva e voltou um mês depois para São José do Rio Preto. Clélia perderia outro bebê até ganhar, seis anos depois de Amaury, o segundo filho, Sérgio.

Filólogo e professor de português, Amaury pai era um senhor duro, que via como missão transmitir a maior quantidade possível de conhecimento aos seus alunos e filhos. Nos tempos de seminarista, começou a ler tudo que parava em suas mãos. Tornou-se um apaixonado e ferrenho defensor da língua portuguesa. Escreveu livros teóricos sobre o tema e chegou a colaborar com o intelectual brasileiro Antonio Houaiss em uma reforma ortográfica.

Quando entrava na sala de aula do tradicional Instituto de Educação Monsenhor Gonçalves, os alunos o recebiam de pé, ao lado de suas carteiras. O professor Amaury se dirigia para a mesa em frente ao quadro negro. "Podem se sentar", dizia. Todos obedeciam. Era o típico professor que não precisava chamar atenção ou pedir ordem. Ele próprio era a ordem.

Ao chegar em casa, a rigidez permanecia. Odiava receber ligações durante as refeições, porque em geral eram amigos ou paqueras dos filhos. Uma vez, o pai atendeu furioso:

— Alô. Quem fala?

A voz do outro lado era calma e fez o semblante de Ferreira mudar imediatamente:

— Monsenhooooor!

O filho mais velho gargalha ao se lembrar da mudança repentina e da animação com o "monsenhoooor" — termo já suprimido pelo papa Francisco, em janeiro de 2014. Apenas o religioso da cidade tinha permissão para interromper o repasto familiar. Aliás, todos os almoços e jantares eram verdadeiras aulas de português. Os assuntos invariavelmente acabavam em questões acadêmicas, como a origem das palavras e o uso correto da mesóclise ou da próclise. Costumava dizer: "Sem leitura, vocês não vão para frente. Se não souberem falar a mesma coisa de três formas diferentes, vocês não têm riqueza vocabular." Ou então: "Tudo se perde na vida, menos o que você adquire em conhecimento." Em algumas situações, trazia à mesa um livro, com a comida lá quentinha, esperando, e parava o almoço para dizer: "Vejam a sensibilidade deste capítulo." Uma noite, trouxe, empolgado, um clássico:

— Clélia, Clélia, Clélia, ouça este trecho.

Sentada, dona Clélia foi piscando o olho, piscando — e acabou tirando um cochilo rápido durante a explanação do marido.

Em Rio Preto, a casa da família era espaçosa, mas foi ganhando adaptações à medida que os filhos cresciam e a coleção de livros do professor Amaury aumentava. A alguns passos da porta de entrada, no terreno da família, o patriarca construiu seu refúgio e maior fonte de prazer: a biblioteca com mais de quinze mil livros, dos clássicos brasileiros aos especializados em filologia, muitos deles achados em sebos no exterior. Não chega a se comparar à coleção do empresário e intelectual paulistano José Mindlin (1914-2010), que conta com 45 mil volumes e é a maior e mais relevante biblioteca privada do país, mas o acervo de Amaury pai, rico em variedade, era seu maior orgulho. O ambiente, intacto até hoje, era o lugar em que o pai tentava transferir para os filhos a paixão e o prazer da leitura. "Com todo o dinheiro que sobrava, ele comprava uma passagem para viajar. Professor, naquela época, ganhava bem; não era essa miséria que é hoje. Quando ele ia para Portugal ou para a França, sempre comprava alguns títulos. Em outros casos, os livreiros chegavam a enviar livros de navio para ele", relembra Celina Ferreira, esposa de Amaury Junior.

Os dois filhos do professor Amaury tinham uma tarefa mensal na infância e na adolescência: ler um livro e se preparar para o interrogatório no fim da leitura. Recorda Amaury: "Eu me lembro de ele me dar uma coleção do Monteiro Lobato. Alguns eu achava mais ou menos. Eu era avesso à leitura. Queria aproveitar minha adolescência, e não sentar para ler Machado de Assis." Para não desapontar o pai, ele rabiscava e grifava boa parte do livro para mostrar segurança na hora de falar dos personagens e das histórias mais marcantes. Amaury pai fazia as perguntas com ar severo, como se estivesse dando uma prova final em sala de aula. Em entrevista a um jornal local de Rio Preto, Amaury Junior contou um pouco mais sobre essa experiência: "Ele me obrigava a ler uma hora por dia (e orar...), e depois eu devia contar em voz alta o que tinha lido. 'Mais alto', dizia, e ia corrigindo minha dicção. 'É assim que Deus nos entende melhor, quando pronunciamos claramente as palavras', pentelhava em meu ouvido." O pai gostou quando, em uma viagem a trabalho para Florianópolis, o filho se empolgou em completar o álbum de figurinhas do livro *Vinte mil léguas submarinas*, de Júlio Verne.

Na escola, o tratamento também era duro. O pai foi professor do filho durante um tempo. Não havia moleza. A maior prova de sua seriedade foi tê-lo reprovado num ano por um erro considerado fatal. No exame oral, Junior soltou "haja visto que..." em vez de "haja vista". O episódio foi tão traumático, que é muito difícil Amaury Junior não usar até hoje, mesmo em uma conversa banal, a expressão "haja vista" entre as frases.

O ouvido do professor parecia treinado para identificar erros gramaticais e de concordância. Corrigia a esposa, os filhos e os alunos a qualquer deslize. Décadas mais tarde, quando Amaury Junior já tinha seu programa de televisão, o pai usava uma lousa instalada entre a biblioteca e a casa para anotar cada erro do apresentador com giz colorido. Certa vez, ligou furioso para o filho: "Você viu o que disse ontem naquela entrevista com o Fernando Sabino? Justo com ele. Vou morrer de vergonha. Sempre falo: esteja preparado. Nunca se tem uma segunda chance de causar uma boa impressão."

Amaury Junior sabe a importância que foi para sua vida e profissão o incentivo do pai na sua convivência com os livros. "Nunca tive dificuldades para encontrar palavras nas minhas entrevistas durante as festas, a maioria feita de improviso, no calor da noite. A TV anda popularesca e pede uma linguagem mais fácil e palavras mais acessíveis. Conservo esse forte resíduo do meu pai, que, mesmo coloquialmente, usava um português castiço, com expressões de grande beleza, mas incompreensíveis para um jovem de quinze anos. Até hoje é difícil falar fácil, mas acho que tenho conseguido."

O pai demorou a se acostumar com a vida de Amaury no jornalismo e na noite. O estudioso que pesquisava profundamente as raízes da língua portuguesa queria que o filho estudasse Direito. "Me chame de doutor a partir de hoje. Tenho até carteira da OAB. Só fiz para agradar meu pai. Ele achava que trabalhar em jornal era um trabalho meio marginal." Sérgio, o irmão mais novo, é advogado e professor de cursinho em Rio Preto.

Duas situações em especial tiraram o professor Amaury do sério com o filho primogênito. Aos dezesseis anos, Amaury pegou o Fusca do pai e apostou corrida de carro com a turma de amigos. O Fusca desviou, bateu e capotou. Foram semanas com o pescoço imobilizado. "Nessas situações extremas, meu pai me batia de cinta." Sorte que ele não descobriu quando o filho e sua patota mataram com espingarda as galinhas que os vizinhos mantinham em seus quintais, para preparar uma galinhada.

Quando chegou aos ouvidos de Amaury pai que seu filho tinha engravidado uma prostituta menor de idade, o professor ficou enlouquecido. Junior argumentou: "Não fui eu. Ela me culpou porque sou jornalista." O pai comprou a história. Pediu para o irmão,

Aristeu, tirar satisfações com a bela Eni. O tio de Junior levou um gravador e lançou a pergunta:

— Foi meu sobrinho quem te deflorou?

— Sim, foi ele — sustentou Eni.

Sabe-se que Maria Eni foi para São Paulo usando o nome de Desirée e virou a rainha do La Licorne, boate famosa na capital, que encerrou suas atividades em 1991. Consta que Eni se casou com um empresário europeu, dono de castelos. Não se sabe se a criança chegou a nascer.

O professor Amaury morreu em 1995, de leucemia, e ainda hoje é lembrado pela rigidez e pelo método firme e eficaz de ensinar português aos alunos. Virou uma espécie de patrimônio da cidade. Uma escola municipal chegou a receber seu nome. "Fui aluno do seu pai e tudo que sei de português devo a ele": é o que Junior ouve com frequência quando é abordado por desconhecidos em Rio Preto.

A MÃE

Se o professor Amaury era só severidade, dona Clélia era a animação e o entusiasmo em pessoa. "Ela era o oposto do marido. Ele era sempre sério e reservado. Ela, divertida, sacadora, rápida no gatilho. Adorava a história do Amaury, de ele ser jornalista, viver em festas e trabalhar com televisão", lembra a nora Celina.

Entre a casa e a biblioteca, foi levantado um toldo para abrigar o curso de admissão da dona Clélia, que movimentava São José do Rio Preto. Sob seu comando, eram um sucesso as aulas leves e engraçadas, no estilo que ficaria consagrado, décadas depois, como as "aulas-shows" dos cursinhos pré-vestibulares, sempre dinâmicas e cheias de truques — músicas para ajudar a memorizar regras de matemática, por exemplo. O oposto das aulas do professor Amaury. Mesmo com tamanha diferença, o casal era conhecido pela boa convivência.

"Amauryzinho, como você está?", pergunta a mãe numa tarde de domingo em junho de 2015, numa das raras ocasiões, hoje em dia, em que acerta o nome do filho. Aos noventa anos, atualmente vive em São Paulo, em um dos apartamentos de Amaury, e sofre de uma demência senil que a faz confundir os nomes dos familiares. "Ela vive me chamando de Aristeu", diz Amaury. Ainda se derrete pela profissão do filho.

ESSE É AMAURY JUNIOR:

"Eu acabara de fazer trinta anos, já morara na Europa e tinha ido a Nova York umas dez vezes quando fui a São Paulo pela primeira vez. Pois é. O ano era 1978, e o pretexto foi uma reunião com o pessoal da Editora Três, com cujas revistas eu colaborava aqui do Rio. A ideia era a de que eu desembarcasse em Congonhas, tomasse um táxi e mandasse tocar para o Rodeio, onde os caras me esperavam. Em 1978, o Rodeio era considerado um dos lugares mais chiques de São Paulo — o que não me impediu de me espantar com a quantidade de gente na calçada esperando para entrar, incluindo uma quantidade de mulheres prontíssimas, chiquérrimas, como se estivessem indo para o baile do Itamaraty. Tudo isso para uma churrascaria, e na hora do almoço, com sol quente?, pensei.

Bem, lá entrando, encontrei o pessoal da Três, e eles conversavam com um jovem jornalista recém-chegado do interior, a quem me apresentaram. É o Amaury Junior!, disseram.

Ou seja: conheci Amaury no primeiro minuto de minha primeira ida a São Paulo. Comecei bem! Hoje acho até que ele era o motivo da fila de peruas na calçada do Rodeio...

Dá-lhe, Amaury!"

Ruy Castro, jornalista e escritor

3

OS SEGREDOS DE AMAURY PARA UMA FESTA DE ARROMBA

Faz cinco décadas que Amaury frequenta festas. Perdeu as contas de quantas delas já participou. A experiência, depois de ter ido a eventos de todos os tipos, fez dele um expert no assunto. Quais são, afinal, os segredos para fazer uma grande festa? Com a palavra, Amaury Junior:

1. MISTURAR NOMES CONHECIDOS DE ÁREAS DIFERENTES

O maior segredo é esse. Para uma festa repercutir nos meios de comunicação é preciso fazer um mix. Quem se dá bem com a Glória Maria? O organizador precisa saber as conexões dela e garantir que ela tenha ambientes para circular. Ela precisa chegar ao lugar e ter alguns nomes familiares para que ande à vontade no evento, sinta-se bem e ainda crie novas conexões. O exemplo clássico que seguiu direitinho essa premissa foi o casamento do cardiologista Roberto Kalil, em maio de 2015. Todos os poderes estavam lá convivendo pacificamente, como a presidente da República, o ex-presidente, o presidente da Câmara, do Senado, ministros, a oposição, o governador, o prefeito e um desfile de apresentadores de televisão e artistas. Kalil mostrou seu poder numa festa: conseguiu reunir os maiores nomes num casamento. Se explodisse uma bomba, o que aconteceria no país? Não é fácil convencer aquelas pessoas, principalmente da política, a ir a um casamento. Combinei com o Kalil de levar a minha câmera para fazer entrevistas. Eu conseguiria fazer dez programas só com essa festa. Ele topou no consultório, mas depois viu a dor de cabeça que iria causar a minha presença e não permitiu mais, até porque a assessoria da presidente Dilma vetou assim que soube que eu apareceria com equipe. Saquei então o meu celular para filmar o que acontecia no evento. [Nos filmes gravados por Amaury, aparece a cerimônia e sobretudo a mesa da presidente. Dilma se atrapalha na hora de comer os antepastos]. O Lula falou com muitos [De acordo com a coluna de Mônica Bergamo, da Folha de S. Paulo, Lula teria dito ao senador Omar Aziz, do PSD do Amazonas: "Político, na frente de jornalista, só bebe vinho. Finalmente encontrei alguém para brindar com uísque", e ergueu o copo de Black Label]. Antes do casamento, estava pré-marcada uma entrevista minha com Lula, mas ele recuou quando estouraram os problemas da Operação Lava Jato. Na festa, falei muito rápido com ele. "Presidente, está tudo bem?" "Ah, mais ou menos, Amaury, estamos levando." Essa festa foi um fenômeno.

2. BEBIDA DE QUALIDADE

Para botar banca, para impressionar, precisa servir champanhe francês. As festas são avaliadas pelas bebidas servidas e suas marcas. Na festa do Kalil, serviram o champanhe Barons de Rothschild Brüt e vinho tinto Chateau Lafitte Monteil. Tempos atrás, o Hugo Salomone (do grupo Savoy, dono de shoppings e empreendimentos imobiliários em São Paulo) fez a festa de noivado da filha dele e colocou uma mulher com um vestido gigantesco. Da saia dela, saíam taças de champanhe. O convidado chegava à festa, pegava uma taça e ela servia o champanhe. E era tudo da marca francesa Cristal. Todos os baldes de gelos da festa, aliás, eram feitos com gelo. Foi uma das festas mais glamourosas a que fui nos últimos tempos. Só precisa tomar cuidado para não passar do ponto. Tem novo rico que faz tudo direitinho, mas faz demais. Já fui a festa que tinha tanta orquídea que o lugar virou uma floresta.

3. MÚSICA AGRADÁVEL

A música é fundamental. As pessoas esquecem. Não sei se falo isso porque sou um cara musical, mas vejo festa com música errada e até aquelas sem música. Esquecem a música. Cadê a música dessa porra? Cadê o DJ? Na festa do Kalil, tinha orquestra e depois entrou o Tiago Abravanel, que chamou todo mundo para a pista. É claro que na hora do jantar não dá para colocar uma música muito para cima. Sugiro, nessa hora, tocar um jazz. Se for de jazz, não tem erro. A música é capaz de mudar o clima de uma festa.

4. CELEBRIDADES E UMA PITADA DE DIVERSIDADE

Se conseguir levar um grupo de artistas de televisão, que na minha época não era o must de uma festa, é ótimo. Se tiver alguém da novela das nove, ou um empresário muito conhecido, melhor. E, claro, muita mulher bonita. Também tem de convidar alguns gays — conhecidos, divertidos, alegres. Gay tem de ter. Eles são falantes e fazem a conexão de grupos que não se conectam. Adoro festa com o arquiteto e decorador Sig Bergamin. Ele é maravilhoso.

TÃO JOVEM, E JÁ UM **SUCESSO**

Os alunos do Instituto de Educação Monsenhor Gonçalves foram desafiados e incentivados a criar um mural no pátio da escola com temas e textos variados. Valia de tudo. Acreditava-se que a ação estimularia a criatividade e a competição entre os alunos. Aí Amaury Junior manifestou os primeiros indícios da vocação que abraçaria pelo resto da vida.

Aos treze anos, ele colocou na cabeça que o painel de sua turma seria o mais bonito e, sobretudo, o mais visto do colégio. Queria ter audiência. Queria ser comentado. Por iniciativa própria, passou a recortar notícias dos jornais e pregá-las no painel com um alfinete. Como termômetro do que valia a pena ou não, passou a observar à distância, de um banco da cantina, os assuntos que mais chamavam a atenção dos colegas que passavam por ali. Com a pesquisa informal na cabeça, construiu o mural mais diversificado. Dava destaque para uma piada, seguida de um texto sobre uma pesquisa espacial e notas saídas nos jornais. O objetivo foi alcançado rapidamente. A estratégia de observar de longe e rapidamente atender ao desejo dos estudantes fez com que as pessoas falassem em seu nome:

— De quem é esse mural legal?

— Ah, do Amaury Junior!

O PALCO

O diretório acadêmico do Instituto de Educação Monsenhor Gonçalves resolveu movimentar o cenário da escola com shows mensais que reuniam os talentos da cidade — o melhor cantor, o maior piadista, o melhor contador de causos. A ideia estava pronta, mas faltava um nome para comandar o espetáculo. Com voz grave para a pouca idade e desenvolto no trato com os colegas, surgiu a solução: "Bota o Amaury para apresentar." Na estreia, sentia o rosto ferver de vergonha. Foi ali que segurou um microfone sobre um palco pela primeira vez. Olhou para a plateia sentada em cadeiras de madeira e conduziu o show. Foi um treino para as apresentações futuras no Automóvel Clube e a primeira demonstração do traquejo para improvisar em frente às câmeras, que seria o seu ganha-pão muitos anos depois.

O COMEÇO

O professor Amaury tinha razão: ler é indispensável para aqueles que querem se expressar bem. Mostra as diversas possibilidades da língua, aumenta o vocabulário e enriquece o conhecimento. A insistência do pai em dar livros aos filhos e a cobrança da leitura, ao menos uma hora diariamente, começava a render frutos.

Na mesma época em que o mural foi feito e o nome de Amaury Junior era comentado por alunos e professores pela variedade de temas que ele abordava ali, o jornal *Diário da tarde*, de Rio Preto, colocou um anúncio em suas páginas à procura de estudantes que gostavam de escrever. Seria uma colaboração para um espaço que levaria o nome de *Coluna do estudante*. Ainda aos treze anos, e com um texto bom, firme — melhor que o dos outros alunos —, Amaury foi escolhido pela escola.

A ideia da *Coluna do estudante* era comentar duas vezes por semana assuntos relacionados aos eventos que ocorreriam no Instituto — uma espécie de agenda para informar pais e alunos. Para Amaury, parecia um projeto pouco ambicioso. Não combinava com suas aspirações. Tratar de assuntos burocráticos e corporativos seria chato, pensou. Tentemos de outro jeito: por que não escrever sobre o universo estudantil da cidade? O campeonato esportivo, o comportamento dos estudantes de outros colégios, imagens de alunas bonitas posando para fotos. "Opa, falou em fotos de belas adolescentes uniformizadas nas páginas do jornal? É claro, isso dá leitura — ou melhor, isso todo mundo quer ver." Assim, ainda atrás dos bancos escolares, manifestou-se oficialmente a alma do colunista social e foi dado o primeiro passo para a carreira que começaria logo mais. Leitor contumaz dos jornais paulistas, da coluna do veterano e ultrainfluente Tavares de Miranda (mal sabia que trabalharia com ele tempos depois!), Amaury foi influenciado nesse espaço amador a trazer gente interessante e beleza, muita beleza. Pouco a pouco, foi esquecido o informativo original. E o jovem colunista passou a frequentar os colégios da região. Com uma câmera fotográfica embaixo do braço e abordagem gentil, conseguia sem dificuldade um bom elenco feminino para suas tiradas. "Com licença, eu tenho uma coluna", era sua apresentação. O colunista Amaury Junior entrava em ação.

A SOCIEDADE

O adolescente passou a frequentar quase que diariamente os colégios da cidade, e a popularidade de suas colunas despertou o interesse de Norberto Buzzini, dono do *Diário da Região*. Fundado em 1950, o jornal virou um dos mais influentes periódicos do interior do Brasil, com um lema estampado desde sua primeira edição: "Noticiando ou comentando, nossa preocupação há de ser a verdade." Seu fundador foi o engenheiro Euphy Jalles.

O ex-governador de São Paulo, Luiz Antônio Fleury Filho, escreveu uma carta nas comemorações dos cinquenta anos do título:

> *Euphly Jalles gostava de abrir avenidas, de fundar cidades e de lançar jornais. Por isso mesmo, acreditou no novo desafio a que se propusera, tendo no compromisso com o leitor a sua principal bandeira. Assim, não se intimidou em denunciar arbitrariedades, aliando-se à comunidade para resistir aos ataques e chantagens políticas, jamais se permitindo corromper pelas promessas vindas de partidos políticos, grupos econômicos, ideologias ou facções religiosas. Assim, cidade, jornal e leitor cresceram juntos e juntos acompanharam as mudanças desse meio século da vida brasileira, priorizando sempre o noticiário regional, mas também acompanhando de perto os acontecimentos nacionais e internacionais. Viram nascer e morrer governos, acompanharam a evolução da democracia que sobrepujou tantos anos de ditadura, comemoraram a chegada do primeiro curso superior a Rio Preto e acompanharam a realização das primeiras cirurgias numa cidade que, hoje, é referência nacional na área médica, graças, sem falsa modéstia, dentre outros fatos relevantes, à estadualização da Faculdade de Medicina, obra maior de meu Governo na cidade, e ao reequipamento e modernização do Hospital de Base, que, como Governador e rio-pretense, me orgulho de ter feito.*

Buzzini gostava do estilo que Amaury imprimira à coluna, sobretudo das garotas que estampavam as páginas do *Diário da Tarde*. Certa vez, o dono do jornal sondou o jovem: se viesse para seu jornal, ele teria de dar ainda mais destaque para fotos de estudantes e de festas de formaturas que aconteciam no clube Palestra. Quando o *Diário da Tarde* fechou, após dois anos de trabalho do novo colunista, Buzzini não perdeu tempo: chamou Amaury para assumir a coluna social do bem mais poderoso *Diário da Região*.

Assim que suas primeiras colunas saíram no *Diário da Região*, Amaury percebeu o universo em que estava entrando. Recebia e lia boa parte dos jornais paulistas e cariocas e reparava em cada detalhe, da diagramação às notas que os grandes nomes do colunismo social produziam. Ele lembra, no livro *Flash fora do ar*: "Norberto Buzzini, Alberto Cecconi, José Barbar Cury, Emerson Sumariva e Antonio Natalone me deram lições inesquecíveis de jornalismo e de vida. As cinco questões principais de toda notícia: que (ou quem), como, onde, quando, e por quê. Bom repórter não escolhe a notícia, acha a notícia em qualquer lugar. Essas coisas foram básicas para que eu pudesse mais tarde estar ao lado da elite dos colunistas famosos como Zózimo Barrozo do Amaral, Tavares de Miranda, Ricardo Boechat, Joyce Pascowitch, Hildegard Angel, Ibrahim Sued, Giba Um, Alik Kostakis, Gilberto Amaral, Fred Sotter, Cesar Giobbi, Nirlando Beirão, Maria Aparecida Saad, entre tantos outros, desembarcando com alguma noção na delicada arte de escrever o máximo no menor espaço, com graça e precisão, que é o princípio da coluna social."

AS REFERÊNCIAS

"Enquanto houver champanhe, há esperança."
Zózimo Barrozo do Amaral

O colunismo social surgiu no Brasil em 1941. Tudo começou com Jacinto de Thormes, cujo nome verdadeiro era Manuel Bernardes Müller, ou Maneco, lembra Ricardo Amaral em seu livro *Vaudeville — Memórias* (Leya). "A fórmula do novo colunismo era a mesma: pequenas notas, com fotos, contando o que acontecia nas festas e nos locais frequentados pela elite. A base era de alta sofisticação, focando o lado do glamour, da elegância e do poder financeiro. Maneco era um homem elegante, ótimo repórter e um grande gozador. Tinha uma dose de veneno, mas nunca passando do ponto da elegância. (...) Embora tenha sido o pai do colunismo social, perdeu o entusiasmo, perdeu o tesão pelo assunto no auge do prestígio. Enjoou da rotina do 'champanhe e caviar', num tempo em que o caviar era mais farto!"

"Em sociedade tudo se sabe", dizia Ibrahim Sued, que retratou como poucos o *high society* carioca. Alto, olhos verdes e pele bronzeada, Ibrahim fez história no Rio com uma coluna em que a notícia, fosse de economia ou política, disputava lugar com o social. Como já dizia ele em seus textos: "*Sorry*, periferia…"

Mas, para Amaury Junior, o maior dos nomes do colunismo social e referência absoluta em escrita era Zózimo Barrozo do Amaral.

Zózimo estreou em 1966, quando assumiu a coluna Carlos Swann (ex-Ibrahim Sued, hoje Ancelmo Gois). Em 4 de fevereiro de 1969, aos 27 anos, seu nome aparecia no título de sua coluna no *Jornal do Brasil*. Aquela foi, por muito tempo, a coluna mais lida, comentada e respeitada do país. "O Rio e as pessoas só ficam interessantes quando o Zózimo quer", definiu certa vez o jornalista Telmo Martino. "Quando ele se ausenta e se distrai, os bárbaros emergem e atacam. Inutilmente. Nunca são vistos. A miopia deliberada do Zózimo é a melhor defesa que a cidade tem. Dorme-se em elegante paz no Rio."

Os temas de sua coluna eram muitos: política, esportes, artes plásticas, música, teatro, dança, literatura, economia, comportamento, moda e, claro, sociedade. No livro *Zózimo — Diariamente* (EP&A), o autor Fernando Barrozo do Amaral, filho do colunista, escreve que "o grande mérito de Zózimo foi reunir notícia com opinião, adicionar uma boa dose de humor, desenvolver e consolidar uma fórmula que tem seguidores até hoje na imprensa nacional. E o fez com um estilo elegante e, sobretudo, bem-humorado. Não dispensava a ironia, dizendo que a nota de que mais gostava era a que continha a 'crítica bem-feita, a coisa ferina, a alfinetada com classe'." Zózimo foi um personagem tão relevante na cena carioca, que ganhou até estátua no Leblon, em 2001, honraria concedida apenas para nomes da cultura como Carlos Drummond de Andrade, Tom Jobim e Dorival Caymmi.

Escrever o máximo no menor espaço, com graça e precisão: essa era a definição do jornalismo que Amaury almejava exercer na imprensa local — e alcançou, anos depois, na televisão. Quando o pai tinha algum compromisso em São Paulo ou no Rio de Janeiro, voltava com uma pilha de jornais da capital para o filho. O jovem estudava a diagramação, o destaque que era dado a cada imagem, os eventos que aconteciam nas duas principais cidades do país e observava, sobretudo, o poder de síntese de Zózimo. Exemplo desse poder, lembrado por Fernando Barrozo do Amaral em seu livro, é a nota publicada quando Boni estava fazendo vinte anos de Rede Globo. Na ocasião, Boni comentou com Zózimo que sairia de qualquer maneira da empresa ao completar trinta anos de casa. No dia seguinte, a coluna dava uma nota intitulada "Aviso Prévio", que dizia o seguinte: "Boni afirma que vai deixar a Globo daqui a dez anos. É o mais longo aviso prévio da história." O ex-diretor-geral da Globo também foi testemunha de um episódio que mostra, além da concisão, a rapidez do raciocínio bem-humorado de Zózimo. Na casa de Boni, certa vez, os dois tomavam vinho e havia um outro amigo ansioso por experimentar um

Romanée-Conti. O sujeito provou e, sincero, confessou: "Não gostei do Romanée-Conti." Zózimo deu um pulo da cadeira: "Hum! Estou achando que foi o Romanée-Conti que não gostou de você."

O jornalista Elio Gaspari já escreveu:

> Zózimo escolheu a profissão certa na hora errada. Em 1966, o Brasil viva a ditadura envergonhada do marechal Humberto Castello Branco. Para um colunista social, o risco não estava em ir preso, ser censurado ou coisas do gênero. O perigo morava na avacalhação profissional. O veneno estava no elogio. (...) No final de março de 1969, o marechal-presidente Costa e Silva encontrou-se em Foz do Iguaçu com o ditador paraguaio Alfredo Stroessner. Na edição do JB de 1º de abril, Zózimo contou que Stroessner chegou com uns cem guarda-costas que obrigaram o governador do Paraná a se identificar em três ocasiões, numa das quais recebeu voz de prisão. Tinha mais: "Pois até o general Lyra Tavares, ministro do Exército, foi de uma feita empurrado pelos atuantes cotovelos dos policiais e se não é amparado pelas pessoas que se encontravam ao seu redor, teria caído." Dois dias depois, Zózimo estava preso no quartel da Polícia do Exército da Barão de Mesquita. Lá, em poucos meses começaria a funcionar a maior central de torturas do Rio de Janeiro (...). E o Zózimo, hein? Ensinou bom humor aos elegantes e elegância aos bem-humorados. O sujeito lia sua coluna e tinha um só desejo: terminar o dia com a alegria com que o começara. A vida foi boa para ele e ele foi bom para a vida dos outros.

AS BENESSES

Os colunistas de uma publicação, seja ela um jornal ou revista, costumam ter prestígio. Muitas vezes, são os que têm os maiores salários numa redação e os mais lembrados em qualquer pesquisa informal com leitores. Seus nomes se confundem com o do veículo em que trabalham. Fale de *O Globo* e o nome de Ancelmo Gois aparece rapidamente. *Veja*? Lauro Jardim. *Folha de S. Paulo*? Mônica Bergamo. E por aí vai.

Não demorou para Amaury Junior ser conhecido nas rodas mais poderosas da cidade e por tudo o que é tipo de gente que queria divulgar algo em São José do Rio Preto ou ser visto em suas páginas. Era ele, afinal, quem destacava as festas mais faladas, escolhia as fotos que seriam vistas e tinha o controle daquilo que seria publicado. Com o seu telefone de mesa tocando sem parar, na redação, e sempre requisitado por todos, ele percebeu que, com o domínio de uma coluna diária e social no principal jornal da região, poderia expandir seus negócios. E foi o que fez.

ESSE É AMAURY JUNIOR:

"Amaury Junior inventou seu espaço e criou sua história. Tenho a maior admiração por quem se inventa e inventa sua marca. E ele fez isso com firmeza, disposição e muito trabalho. Gosto disso. Gosto de quem tem coragem de ousar, de quem não depende do outro para se colocar no comando de sua própria vida. Amaury criou o tipo de jornalismo que faz e a prova disso é que já fui apresentada, em alguns lugares do Brasil, capitais e interiores, a alguém que me disse: "Eu sou o Amaury Junior daqui." Ou alguém me disse, apresentando outra pessoa: "Este é o Amaury Junior daqui." E todos sorriam felizes, orgulhosos do mestre. Portanto, palmas para o verdadeiro Amaury Jr. Primeiro e único. Com certeza!"

Leda Nagle, jornalista

A NOITE É UMA CRIANÇA

O publicitário Júlio Cosi, fundador da Rádio Pan-Americana de São Paulo (atual Jovem Pan) e ex-diretor da Rádio América, achava São José do Rio Preto parada demais, monótona, sem graça. Nos anos 1960, quando assumiu a direção da Rádio Independência AM, em Rio Preto, Cosi investiu em áreas estratégicas para sacudir a cidade e a programação da rádio: criou uma equipe de esportes, aproveitando a boa fase do time América Futebol Clube no Campeonato Paulista, e criou uma faixa noturna com muita conversa e música. Para o comando dessa faixa, chamou Amaury Junior.

Antes de montar uma programação voltada ao esporte e ao musical, Cosi abriu um bar na rua Bernardino de Campos, uma das mais movimentadas de Rio Preto. O clima de descontração, com mesinhas na calçada e um palco para apresentações noturnas, fez a casa virar o destino de todos os jovens antes dos eventos noturnos da cidade. No Carnaval, a sacada do bar era o melhor lugar para quem queria ver os desfiles da cidade, uma espécie de camarote

VIP para os convidados. E, dentro do bar, Cosi montou a Rádio Independência.

Resultado: quem trabalhava como locutor ou técnico bebericava antes, durante e depois do trabalho. Bebia inclusive durante a transmissão. Sem câmeras para registrar o que se passava ali dentro, era comum um apresentador ir tomando seus goles de uísque enquanto falava ao microfone da cabine. Cosi não se importava. Achava que a bebida levantaria o astral da cidade e dos programas. Lembra Amaury: "Era a única rádio no mundo que era um bar. Eles conceberam a arquitetura da rádio para ser um bar. Dentro do estúdio, víamos tudo o que acontecia fora. Sabe 'esquenta'? Era o nosso 'esquenta' nos anos 1960, a pré-night, a pré--balada. Fazíamos programa noturnos maravilhosos, bem lubrificados, uma roda-viva de boa conversa no ar. Eu fazia um programa ao meio-dia chamado *Desfile Social*, em que dava notícias mais ou menos assim: 'Hoje, no Jockey Club, vamos ter uma tertúlia, com Roberto Fala e seu conjunto e brincadeiras dançantes. Fulana vai abrir uma casa noturna, restaurante tal vai fazer isso'. À noite, ao lado de Roney Signorini, navegávamos pelas ondas hertzianas da Independência mostrando o melhor do jazz e da MPB. Tínhamos entrevistas confessionais misturadas com música. A atriz Teresa Rachel, certa vez, falou de seus amores, uma ousadia na época. E dá-lhe Chico Buarque, era uma 'chicolatria' — mas sem medo de misturá-lo com Dave Brubeck, Thelonius Monk ou Lionel Hampton. Nem poderia imaginar que, 25 anos depois, Hampton tocaria só para mim, em Acapulco, numa entrevista que foi ao ar pelo *Flash*."

A TELEVISÃO

Júlio Cosi tinha o sonho de ter sua própria TV. No auditório que montou na rádio Independência, fez transmissões experimentais de programas esportivos — as tradicionais mesas-redondas, que ainda hoje seguem nas programações das emissoras de TV.

A cidade, porém, só passou a ter a sua própria televisão quando o empresário mineiro Edson Garcia Nunes decidiu expandir seus negócios no interior paulista, após ter lançado a TV Triângulo, em 1964. Nunes, ao pisar em São José do Rio Preto, quis logo ter contato com os influentes da região. Amaury não tinha dinheiro, mas tinha os contatos de que ele precisava. Com a coluna no jornal e o programa na rádio, Amaury passou a circular com o empresário. Apresentou-o ao prefeito Wilson Gonçalves e encontrou o ponto mais alto da cidade para instalar a antena que inauguraria a televisão.

Com a concessão do governo militar em 1971, a TV Rio Preto passou a transmitir oito programas entre o período da tarde e o fim da noite. Muitos épicos passaram a ser exibidos, como *Quo Vadis*, um clássico com quase três horas de duração, lançado em 1951, estrelado por Deborah Kerr e com participações das então novatas Sophia Loren e Elizabeth Taylor.

Nunes retribuiu rapidamente a ajuda do colunista: a primeira pessoa a ser focalizada pelas câmeras do canal foi Amaury Junior, em um programa de variedades que ia ao ar nas noites de sábado, com gincanas e musicais.

A cidade em peso se viu no vídeo e aprovou. A TV Rio Preto foi vendida para Silvio Santos em 1974 e depois transferida para a Rede Record, onde permanece até hoje.

O VENDEDOR

"Não tendo o que vender, vendo a mim mesmo."

Com essa frase na cabeça, Amaury queria mais. Queria dinheiro no bolso. Graças à influência que alcançou por assinar uma coluna com seu nome no principal jornal da região e comandar programas de rádio e TV, ele passou a investir em novos negócios.

No jornal *Diário da Região*, inovou ao utilizar certa vez em sua coluna a impressão em cliché. Embora o processo fosse muito mais caro, Amaury se aliou a um japonês que comandava uma clicheria na cidade, de forma que os dois ganhassem com a jogada. E que maneira era essa? Quando uma festa importante acontecia na cidade, o colunista cobrava do salão um valor bem acima do habitual para garantir uma foto de boa qualidade e publicação em tempo recorde. O normal era um evento ser publicado três dias depois de ocorrido. A operação de Amaury consistia em levar o fotógrafo para a festa, esperá-lo revelar as fotos na madrugada, pegar as imagens e mandar para a clicheria do japa, que permanecia aberta especialmente para esse trabalho. Com essa impressão, a pessoa que saísse da festa às três da madrugada recebia de manhã o jornal com a cobertura completa do evento, uma novidade na época. E um dinheirinho a mais no bolso de Amaury: se o japonês cobrava dez reais por cada imagem revelada, ele cobrava quinze do clube e ficava com cinco.

Amaury não tinha preguiça. Inventava projetos e arregaçava as mangas. Fazia trabalhos como apresentador de eventos na cidade. Foi mestre de cerimônias de concurso de miss e de bailes de debutantes. No Automóvel Clube, comandava dois eventos: o *Show da Meia-Noite*, no sábado à noite, com a participação de cantores e grupos musicais como as Frenéticas, e as gincanas dos solteiros contra os casados, que dariam origem a seu programa na TV Rio Preto. O rendimento vinha da participação nos lucros das mesas vendidas no evento. A desenvoltura no palco fez Amaury ser chamado para uns bicos na apresentação de bailes de formatura na cidade.

Ele criou também o *Cine Jornal Amaury Junior*, para exibir pequenos programas antes da projeção de filmes nos cinemas, em um período em que a Embrafilme obrigava a exibição de documentários em curta-metragem antes dos filmes nas salas brasileiras. Para isso, contratou um cinegrafista e viajava de ônibus até São Paulo para passar o dia na moviola e entregar a fita pronta. Nesses curtas, exibiam-se desde inaugurações de hotéis até visitas feitas por prefeitos da região.

Antes dos documentários para os cinemas, ele entrou na criação de revistas customizadas e especializadas, como a *Rio Preto Chic*, lançada em agosto de 1964. Com esse texto, Amaury encerrou a primeira edição:

> *Mas, como dissemos, a cidade cresce, e as aspirações passam a ser mais elevadas: a gente CHIC se torna cada vêz mais CHIC, e precisa ser focalizada por um órgão mais sólido, mais condizente com a realidade metropolitana de nossa cidade.*
>
> *Com o intuito de fazer justiça ao valor social da nossa terra, com o desejo de proporcionar a atenção justa à gente elegante e ativa nos meios sociais é que lançamos esta revista.*
>
> *Rio Prêto Chic, acreditamos, vem preencher uma lacuna que já se tornava quase intolerável. É uma revista que pertence inteiramente à alta Rio Prêto, um documento que vem comprovar a existência de uma atividade social extraordinária, é um veículo que propagará o nome de nossa cidade e de toda a nossa GENTE CHIC.*
>
> *Nossos esforços estarão plenamente recompensados ao constatarmos a aceitação que, temos certeza, receberá RIO PRÊTO CHIC por parte da viva e operante sociedade rio-pretense.*
>
> *Temos acima de tudo, o orgulho de servir à GENTE CHIC de Rio Prêto fazendo-a conhecida e admirada pela GENTE CHIC de outras localidades.*
>
> *A Direção*

Dentro da revistinha, o maior destaque eram as imagens das mulheres mais elegantes do ano, sempre acompanhadas de rápidas descrições do tipo: "Arlete Haddad: naturalizada riopretana, sempre sobressai em nossas reuniões sociais, exibindo seus atraentes e bem confeccionados trajes inspirados nos mais finos figurinos da moda", ou "Maria Stela Fleury Lacerda: D. Maria Stela (Teíta) prima pela elegância de porte e do traje, aliando-se a tudo isso um fino trato. Altamente credenciada a figurar entre as senhoras mais elegantes de qualquer país civilizado."

Fotos, fotos e mais fotos de mulheres da sociedade. Havia também cobertura de casamentos, numa seção chamada Enlace. Um exemplo:

> *A cerimônia foi realmente um espetáculo; íntimo. Na capela acolhedora do nosso Palácio Episcopal, na radiosa manhã de sábado, dia 20 de junho. Maria Ignês Lerro Escobar e Waldemar Verdi, filhos de tradicionais famílias rio-pretenses, reuniram em seu enlace o 'set' da sociedade local. Ela, filha do Sr. Marcílio Escobar e de D. Ena Lerro Escobar (finada); êle, o operoso e dinâmico presidente da nossa Associação Comercial Industrial e Agrícola de São José do Rio Prêto, é filho do Capitão José Verdi (finado) e de D. Lavínia de Oliveira Verdi. Muito parisiense estava a noiva no seu traje. Parecia até ter saído da Maison Jacques Fath, ao lado do seu não menos elegante noivo.*

A primeira *Rio Preto Chic* já vinha com um anunciante de peso, a fabricante de carros Ford. "Venha ver de perto o notável Trator Ford. O 1º trator realmente fabricado no Brasil! Venha ver a robustez da construção, venha examinar pessoalmente os detalhes técnicos que fazem deste trator brasileiro um dos melhores de todo o mundo."

Para a divulgação das revistas dirigidas por Amaury, seis meninas "barangas, mas gostosas", para usar as palavras do agora empresário, iam para as esquinas mais famosas da cidade com os exemplares nas mãos, a fim de atiçar os motoristas e pedestres.

O empresário Waldemiro Naffah fez o texto de abertura da *Rio Prêto Chic*, em sua edição de estreia:

> *Se, até ontem, alguém me pedisse para apresentar Rio Preto, como cidade, a algum visitante, eu levaria o apresentado para dar uma volta de avião, a fim de que êle pudesse alcançar, do alto e no seu conjunto, a visão panorâmica da beleza citadina. Se êle desejasse conhecer a sociedade rio-pretense, eu o levaria ao Bancários, ao Jockey, ao Monte Líbano, ao Automóvel Clube. Se acaso êle se interessasse em avaliar a força do nosso parque educacional, eu lhe mostraria as faculdades, os Institutos e os Ginásios, desde o São José, num extremo, até o São Luiz, no outro, com o Santo André, de permeio, ou desde o Senai e a futura Medicina, noutra linha, até o Alberto Andaló, no fim dela, com o Senac entre ambos. Se mostrasse interesse pelas obras de assistência social, eu cansaria seus olhos com as tantas que existem, de extremo a extremo, como Sinal da Cruz, indo do Abrigo dos Tuberculosos, da Santa Casa e da Casa de Santo Antonio de um lado a São Judas Tadeu do outro; ou do Abrigo de Menores ao Asilo São Vicente e ao Lar de N. S. de Fátima. Se quisesse esporte eu o levaria ao Palestra, ao Rio Prêto, ao America, às piscinas dos Clubes. Até ontem tudo isto levaria tempo. O visitante se extasiaria, mas eu me sentiria cansado. Todavia, de hoje em diante, graças ao nobre esforço de Amaury Junior, a tarefa de apresentação fica simplificada. Doravante, se eu tiver necessidade de apresentar Rio Preto a alguém, pago-lhe um café e entrego-lhe um exemplar de Rio Prêto Chic. Obrigado, muito obrigado, Amaury. E que Deus abençoe suas intenções e premie sua vitória.*

A NOITE

Faltava algo para o profissional que zanzava diariamente em clubes e festas: ter sua própria boate.

Essa falha foi corrigida logo. Ainda no final dos anos 1960, o empresário Luiz Carlos Ribeiro, de Rio Preto, recebeu como pagamento de uma dívida de um sócio os móveis de uma boate que este havia acabado de fechar em São Paulo. Ribeiro recorreu a Amaury:

— Quer montar uma boate na cidade comigo? Eu entro com o dinheiro e você faz o barulho.

Assim nasceu a Pops, no centro de São José do Rio Preto.

"Você não tem ideia do que foi a Pops", relembra Celina, que naquele tempo já namorava Amaury. "Era moderna, mexia com a cidade e a região." Para montar o novo empreendimento, Amaury passou a viajar com frequência para São Paulo e Rio de Janeiro para observar o que os grandes *nightclubs* tinham em seus interiores e as músicas que tocavam. No Rio, fez muito contato com os discotecários, os DJs da época, que traziam as músicas vindas dos Estados Unidos para o Brasil e forneciam ao colunista as fitas que tocariam na Pops. De uma das andanças, Amaury trouxe também a luz negra e as lâmpadas estroboscópicas, que causaram furor entre os frequentadores. "Quem tinha dente postiço era desmascarado com a luz negra: o sujeito sorria, mostrava os dentes e o que era falso ficava preto. Virava fofoca da cidade", lembra Amaury. "Eu anunciava no rádio a boate e os hits que iríamos tocar. Era o *up to date* de Rio Preto. Boa parte da cidade se conheceu lá e namorou a partir dela. Foi o máximo."

A maior sacada de Amaury para manter a casa cheia era o jeito de usar as fotos que fazia dos clientes. Faltavam quarenta anos para que inventassem a selfie e o Instagram, mas as razões do sucesso de ambos já estavam lá, claro: todo mundo adora se ver em foto. A tática de Amaury era a seguinte: ele contratava um fotógrafo para clicar à vontade as poses dos frequentadores — que, lógico, ficavam loucos para ver os registros. Mas as fotos só seriam exibidas na noite ou no fim de semana seguinte, o que obrigava os mais curiosos a voltar para mais uma noitada na casa. Enquanto as pessoas dançavam na pista, as fotos iam sendo projetadas em slides na parede, misturadas às luzes. Todo mundo adorava e apontava para quem aparecia nas imagens. Golaço de marketing.

Décadas depois, Amaury foi dono de outra balada, o Club A, em São Paulo. Uma coisa ele aprendeu: "Não deu para ficar rico com balada. Sabe por quê? Não existe garçom honesto, existe garçom bem vigiado. Por exemplo, você tem no estoque vinte litros de uísque. Cada litro tem 22 doses. Não tem como roubar, mas sempre roubam."

ESSE É AMAURY JUNIOR:

"Além de ser um charme e a elegância em pessoa, o Amaury criou um estilo de entrevistar que continua sendo copiado por vários apresentadores de TV. Mas só ele consegue ser íntimo sem ser grosso, ser alegre sem ser bobo, ser atual sem ser moderninho. Fugia dele, nos tempos que ainda ia às festas, pois taças de champanhe podem me fazer dizer barbaridades. Porém confesso que, com ele, dei algumas das minhas melhores entrevistas. Além disso, no nosso meio, conseguir ficar 35 anos no ar, com um trabalho de qualidade e com o respeito dos colegas, é uma façanha digna de estátua em praça pública. Queria uma estátua do Amaury, com seu microfone na mão, em algum parque de São Paulo, para me inspirar enquanto corro."

Fernanda Young, escritora, roteirista e apresentadora

A DOCE VIDA

Toca a campainha do apartamento no 16º andar do prédio e um porteiro entrega seis imponentes caixas pretas. Em cada uma delas, uma garrafa larga e rosada com um rótulo grande em forma de ás de espadas, que evidencia logo abaixo a marca do champanhe francês Armand de Brignac Rosé. Indicado certa vez como o champanhe número um em uma degustação às cegas, entre mil opções, o Armand de Brignac é consumido por celebridades como Beyoncé, David Beckham e Jay-Z. O rapper Jay-Z, aliás, abraçou a marca como bandeira em resposta a uma declaração de um chefão do champanhe Cristal, que disse à revista *The Economist* que o uso do Cristal nos clipes do artista só representa "excessos de luxo, dinheiro e mulheres fáceis." Cada garrafa custa 580 euros — num site brasileiro de comércio de vinhos, cada unidade sai por 4.092 reais. Amaury se surpreende com os mimos e abre o envelope que os acompanha. É um agradecimento assinado pelo doutor Hugo Salomone, do Grupo Savoy, pelo tratamento que o apresentador tem dispensado à sua filha, Andressa, paulistana de 23 anos que comanda um quadro de moda no programa de Amaury e recebe o título de fashionista da atração. Ele caminha até a cozinha e esbarra em um quadro de Nina Randolfo, avaliado em oitenta mil dólares, que está no chão. Amaury foi presenteado com a obra quando comandou o baile de gala beneficente da amfAR, em 2015. "O dono arrematou para ajudar e passou para mim. Falei que não queria, que não tinha o que fazer com o quadro. Agora está aqui sem utilidade. Vou doar para o Retiro dos Artistas."

As portas se abrem para o colunista social mais famoso do Brasil. Quando aparece no aeroporto internacional de São Paulo, em Guarulhos, é recebido por um atendente da TAM, companhia pela qual ele voa mais frequentemente: "Olá, seu Amaury, por gentileza, deixe suas malas comigo." A mesma pessoa faz o check-in e o encaminha até a entrada do avião, onde ele entra na cabine executiva. "Eu mesmo pago as tarifas executivas. Acha que eu vou viajar no bandejão? Não posso viajar lá, faz mal para a minha imagem."

O closet do apresentador é um mundo à parte. Em 35 anos de colunismo social em frente às câmeras, uma peça é indispensável: já passaram por ali 840 camisas brancas, que facilitavam a combinação com qualquer gravata. Há uma década, ele chegava a usar três delas na mesma noite, quando cobria até quatro festas — hábito que deixou para trás pela falta de eventos diários de primeira linha e pela distribuição do trabalho entre outros repórteres da equipe. Em prateleiras, duzentas gravatas estão à sua disposição para o dia a dia. Há seiscentas em outro compartimento, um tanto aposentadas, mas não são passadas adiante porque "a moda das gravatas vai e volta", diz ele. Essas aspas não se aplicam aos *black-ties*. Atualmente, ele tem apenas oito, mas já teve 105. Ternos são vinte das marcas Camargo Alfaiataria, Ricardo Almeida e Paul & Shark. Ele estima que 40% de todas as suas gravatas, ternos e camisas tenham sido dados de presente por interessados em aparecer no programa. Celina volta e meia surge na produtora com os modelos de que Amaury enjoou. A equipe faz a festa.

À rotina de restaurantes e roupas de graça somam-se as viagens. Em uma gaveta da casa, sete passaportes estão abarrotados de carimbos, do Japão ao Uruguai — onde volta e meia ele vai gravar no cassino e hotel Conrad, um de seus clientes. Para a Disney, afirma ter ido mais de cem vezes, pela proximidade com a casa que tem em Orlando. Em Nova York, já esteve mais de cinquenta vezes. Muitas dessas viagens fazem parte de pacotes comerciais para anunciar novidades dos lugares visitados. Há alguns anos, esteve na Suíça para mostrar ao Brasil os segredos da Clinique La Prairie, conhecida por ser referência nos tratamentos de rejuvenescimento desde 1931, graças à terapia desenvolvida pelo médico Paul Niehans. A clínica alcançou notoriedade pela clientela famosa, como os atores Charles Chaplin e Greta Garbo — o empresário brasileiro Roberto Marinho também era cliente habitual. Na ocasião, Amaury fez um tratamento com injeção de células de embrião de carneiro com objetivo de estancar o processo de envelhecimento facial.

A vida é suave para Amaury.

UM SONHO E UMA **DERROTA**

7

Sentado em sua sala, num apartamento antigo no bairro da Aclimação, em São Paulo, um personagem importante da trajetória de Amaury Junior falava empolgado. Relembra José Hamilton Ribeiro, o Zé Hamilton, o repórter que modernizou o jornalismo brasileiro:

"O que entusiasmava a gente em relação ao Amaury era a sensação de que ele era autêntico, sincero. Ele queria de fato fazer um bom jornal. Ele tinha esse espírito de que jornal de interior não precisava ser modorrento, pesado, beletrista; que poderia ser melhor, bem mais agradável e, ao mesmo tempo, ser feito com seriedade. E ele tinha muita facilidade numa área em que nós não a tínhamos: a parte comercial. Ele é entusiasmado e não acredita em dificuldade e obstáculo. Ele vai fazendo as coisas como se as dificuldades existissem para ser vencidas, porque lá na frente vem uma coisa melhor. O Amaury é uma pessoa boa de se amar, fácil de se amar, porque ele é limpo, ele é luminoso, é alto astral. É um amigo leal. Ele tem essa fanfarronice, circula nesse mundo de frivolidade, mas quando chega a hora de dar uma prova de amizade, ele dá. É fiel aos amigos, mesmo depois de ter mudado de posição social. Acho ainda que ele seja um grande jornalista. Está entre os melhores repórteres entrevistadores, porque é delicado com o personagem, é cortês, mas não deixa de fazer as perguntas que podem doer. Essa capa de frivolidade do programa dele é só isso mesmo — uma capa, porque ele vai na ferida. A forma como ele conversa com as pessoas nas entrevistas dá esse diferencial que não é muito comum nem mesmo nas televisões mais sérias. Além do mais, é uma usina permanente de ideias."

Nos anos 1970, nos governos dos militares Emilio Médici e Ernesto Geisel, jornalismo investigativo era artigo de luxo. O exemplo mais notório desse jornalismo na época foi a revista mensal *Realidade*, lançada em 1966, pela Editora Abril, que publicava perfis e reportagens longas, com textos bem escritos e imagens de impacto, sobre assuntos de que os meios de comunicação não tratavam, como religião, sexo e comportamento. O jovem jornalista Roberto Civita — que, anos depois, criaria a revista *Veja* — dirigiu o primeiro ano de *Realidade* numa redação instalada no centro de São Paulo. Mais tarde, em entrevista ao jornalista Carlos Maranhão, Civita falou sobre a revista e o período: "Tínhamos recrutado uma equipe jovem, brilhante, cheia de gás e inconformista, empenhada em romper limites, descobrir assuntos novos, enfrentar aqueles tabus todos e, enfim, sacudir o jornalismo brasileiro. Não era apenas uma boa equipe. Era uma equipe extraordinária. (...). O sucesso da *Realidade* se deve, em boa parte, ao fato de que ela teve coragem de atacar os moinhos, como Dom Quixote no romance de Cervantes. Esses moinhos eram aqueles tabus que ninguém abordava. Resultado: chegamos a vender quatrocentos mil exemplares. Só na banca! Não havia assinaturas. Surgiram as reações moralistas. Nosso número 10, uma edição especial dedicada à mulher brasileira, foi apreendida. Mais tarde, veio a censura. A essa altura, já não restavam muitos moinhos à nossa frente. Aos poucos, a revista perdeu seu impacto. Ela durou até 1976."

Fazia parte da equipe o repórter José Hamilton Ribeiro. Nascido em 1935, no interior paulista, Zé Hamilton, como é conhecido, começou a carreira em 1955 pela Rádio Bandeirantes e passou pela *Folha de S. Paulo* antes de chegar à Abril. Virou redator-chefe da revista *Quatro Rodas* em 1962 e, quatro anos depois, foi remanejado para a editoria de reportagens especiais de *Realidade*. Em março de 1968, uma cobertura pela revista mudou a sua biografia: enviado como correspondente de guerra ao Vietnã, perdeu a parte inferior da perna esquerda após a explosão de uma mina terrestre, em Quang Tri.

Cansado do momento por que passava o país, Zé pediu uma licença não remunerada na Abril e aceitou o convite para reformular um jornal em Ribeirão Preto. Seu raciocínio e o de muitos de seus pares era o seguinte: se não podemos ousar no conteúdo e fazer matérias sem antes obter o consentimento do governo, então vamos trabalhar na *forma* de fazer notícia. Mudar, em outras palavras, a maneira de fazer jornais.

A reforma significava basicamente implantar o computador e a impressão Offset, que tinha chegado a poucas redações da capital, mas a nenhuma do interior. Zé levou um diagramador e um diretor de arte para Ribeirão. O trio, quase do dia para noite, fez barulho na imprensa local: o diário — o terceiro em vendas, dos cinco jornais em circulação na cidade — saiu nas bancas impresso com fotografias claras e limpas e sem sujar a mão do leitor. Uau! O impacto fez os concorrentes correrem para se adaptar, imprimindo o jornal sem toda aquela tinta escorrendo e com títulos destacados, diagramação mais atraente e textos melhores.

A repercussão das mudanças que um respeitado jornalista de São Paulo fizera em um jornal mediano de Ribeirão chegou a São

José do Rio Preto, aos ouvidos de um colunista social do *Diário da Região*. E, um belo dia, surge na redação do *Diário da Manhã*, diante de Zé Hamilton, um jovem repórter, muito articulado e com um brilho nos olhos:

— Oi, sou jornalista, sou de Rio Preto e quero abrir um jornal. Gostaria muito que você me ajudasse com algumas ideias.

Amaury Junior tinha na manga a promessa de um investidor da cidade, o empresário Luiz Roberto Ramos, e botou na cabeça que Rio Preto precisava de um novo jornal, um diário com a sua cara. A conversa inicial engrenou e Amaury passou a ir a Ribeirão duas vezes por semana, de carro, geralmente às dez da noite, para se encontrar com Zé Hamilton. Jantavam, trocavam ideias, falavam de jornalismo e de um futuro periódico. O poder de persuasão, para usar as palavras de Zé, foi tanto, que ele largou seu emprego em Ribeirão e mergulhou no novo projeto de Amaury. Nascia o *Dia e Noite*, o novo jornal de Rio Preto.

Em maio de 2015, Zé Hamilton, hoje repórter especial do programa *Globo Rural*, das manhãs de domingo da Globo, escreveu o texto abaixo para este livro:

"Amaury tinha tudo para estar pra baixo, sem moral, sem energia. Sem o entusiasmo e a vibração que são marcas de sua personalidade tão complexa e poderosa.

Tinha tudo para estar abatido diante de um sonho que ruíra.

Jovem ainda, mas já atuante jornalista, na sua São José do Rio Preto da segunda metade dos anos 1970, Amaury era incomodado com a deficiência e o primarismo dos jornais da cidade. Não se conformava, no momento em que o mundo já domava o computador, que os jornais ainda fossem feitos com impressão tipográfica (a prensa), convivendo a redação com fornos de alta temperatura para derreter o chumbo e com ele fazer, uma a uma, as letras — letra por letra, palavra por palavra, frase por frase — do jornal inteiro. As fotos eram transformadas em 'clichês', de madeira ou de metal, e o resultado era a impressão que o clichê, empapado de tinta, conseguia gravar no papel. Não raro as fotos borravam e o que se via era uma silhueta no meio de um borrão de tinta.

Jornal assim, perante o leitor — dizia Amaury —, suja as mãos, se não as almas.

Acalentou o sonho de dar à sua cidade um jornal moderno, limpo, de fotos nítidas, com a redação dotada de recursos humanos e de equipamentos que fossem os melhores possíveis para aquelas circunstâncias e latitude. Enfim, um jornal que saltasse de uma situação tecnológica de século XIX e chegasse ao mesmo nível, mantidas as proporções, de jornais de São Paulo e do Rio. A cidade de Rio Preto merecia um jornal assim; Amaury merecia um jornal assim.

Amaury é dessas pessoas que fazem o sonho se tornar realidade. Lutou anos para realizar essa ideia, usava sua energia para desarmar os derrotistas que achavam o sonho impossível, anacrônico, uma quimera. Falou com Deus e o mundo, e tanto martelou que, de repente, tinha um sócio 'capitalista'. O jornal ia ser feito: Amaury, além de sua coluna, cuidaria da publicidade. Ao sócio caberiam a contabilidade e a administração.

Num belo dia de 1977, o jornal *Dia e Noite* estava nas bancas. O texto das notícias, dos artigos e reportagens era bem-cuidado; a apresentação, moderna, alegre; as fotos, perfeitas.

O sonho estava na mão. Sem problemas quanto à tecnologia — que era a mais adiantada para a época — e com a redação resolvida, só faltava o jornal dar certo administrativamente, como empresa. Amaury esperou por esse dia sem descansar. Cuidou de sua área com esmero e paixão. Levava para o jornal tudo que via de bom. A luta foi grande: a cidade tinha jornais antigos, com tradição. Leitores têm seus hábitos, isso não muda de um dia para o outro. E a concorrência se mexeu, indo também atrás de melhoras e de tecnologia avançada. Mas o caminho estava aberto, era só segui-lo e dar tempo ao tempo. Amaury acreditava no seu sonho e se embalava nele. E "ai" de quem dissesse o contrário.

De repente, uma bomba! Por questões internas, o jornal tinha se endividado sem que ninguém soubesse, estava à beira do colapso.

A única saída era que Amaury assumisse também a administração para, com seu nome, tentar apagar aquela fogueira. Fez as contas, dispôs-se a vender a boa casa em que morava e outros bens que possuía, inflou o peito e deu o grito de bola pra frente, pra consolidar a empresa, pagar as dívidas e investir o que mais pudesse no futuro do jornal, o futuro de seu sonho. No novo dia, tudo seria diferente, com o otimismo que Amaury conseguia irradiar.

Houve, porém, uma reviravolta na diretoria, e o que estava combinado — que Amaury passaria a ser o diretor-geral — perdeu efeito. Mesmo com aquele grave quadro financeiro, a administração não abria mão de continuar tocando o jornal de seu jeito. Quanto a Amaury, que continuasse onde estava.

Amaury resolveu então sair.

— Você renuncia assim ao sonho de tantos anos? — perguntaram-lhe.

— Já estou até pensando num novo sonho. E vou lutar por ele assim como lutei aqui!

Em questão de meses, o jornal entrou ladeira abaixo e acabou quebrando. E Amaury iniciava em São Paulo uma caminhada que faria dele uma celebridade nacional, um mestre no jornalismo de entrevistas e um ícone da televisão no Brasil."

8

ELE E
AS LOIRAS

"Eu descobri a Ana Maria Braga."

É difícil saber pelo que Ana Maria Braga foi mais aplaudida quando pisou na gincana de Amaury. Se pelos olhos amendoados, que, com seu castanho intenso, eram um dos destaques de uma beleza arrebatadora. Se pela cor do cabelo, liso e comprido, ou se pela sensualidade explosiva que alvoroçou a bancada masculina do programa. O fato é que, quando apareceu no palco dos estúdios da TV Rio Preto, Ana mexeu com a plateia. Era a estreia de Ana Maria Braga diante das câmeras de TV. A loira não só venceu o concurso do dia como mostrou que a câmera gostava dela. Rapidamente, Amaury observou a repercussão que a presença da menina causara e a chamou para ser sua assistente de palco. Assim começou a carreira televisiva de Ana Maria: como assistente da gincana de Amaury Junior aos sábados à noite. Em uma das poucas imagens que sobraram dessa época, Ana segura as fichas com que auxiliaria o apresentador no palco.

Quando deixou a cidade de São José do Rio Preto, Amaury tinha uma coluna de jornal, circulava pelas rodas mais prestigiadas da sociedade local e acabara de ganhar um programa de televisão na TV Rio Preto, canal que ele ajudou a levantar, na época uma repetidora da Rede Globo. Com a chegada da emissora local, a programação noturna de sábado foi entregue ao rosto mais conhecido da cidade: o arroz de festa Amaury. A fórmula que ele desenvolveu era uma cópia do *Cidade contra Cidade*, gincana entre municípios apresentada por Silvio Santos a partir de 1979, e do evento que ele organizava no Automóvel Clube, que gerava uma renda extra.

O colunista montou uma bancada com os nomes mais conhecidos de cada segmento de São José do Rio Preto. Estavam lá o promotor de Justiça, um professor universitário, o delegado de polícia e um dentista. Aos poucos, a cidade começou a se envolver, e a gincana, que tinha como ideia inicial a competição entre solteiros e casados, virou uma disputa entre universitários com todas as faculdades da região.

QUEM É A ALUNA MAIS
PARECIDA COM BRIGITTE BARDOT?

Lá se vai o ano de 1975 e a Universidade Estadual Paulista, em Rio Preto, iria participar da gincana de Amaury. Antes das gravações, a produção passou a missão que a instituição e sua concorrente teriam pela frente: encontrar uma estudante com os mesmos traços da atriz francesa Brigitte Bardot, que uma década antes causara frisson em um pedaço do litoral carioca até então pouco conhecido, Armação dos Búzios.

Filha única do italiano Natale Giuseppe Maffeis e de Lourdes Braga, a deslumbrante Ana Maria foi a escolhida entre os estudantes. Ana era aluna de biologia e, para complementar o orçamento, vendia balão e bombinhas numa loja de fogos de artifício na rua General Glicério, em Rio Preto. Namorava um homem mais velho, que morava em Mirassol, a quinze quilômetros de distância, com quem chegou a se casar. Um casamento um tanto fugaz. Amaury diz que nunca houve casamento mais curto que o primeiro de Ana Maria Braga: ela se casou com o sujeito, passou a noite com ele e se separou no dia seguinte, brinca o amigo.

ANA MARIA DESLANCHA

Depois de virar assistente de palco de Amaury, Ana foi para São Paulo. Passou pela TV Tupi, comandou um telejornal e chegou à Editora Abril, onde dirigiu comercialmente as revistas femininas da casa por nove anos. Antes disso, exerceu uma atividade pouco conhecida do público: foi secretária e assessora de imprensa de Sílvia Maluf, mulher de Paulo Maluf e então primeira-dama da cidade de São Paulo.

"Ana, você não correu atrás da televisão, a televisão foi atrás de você", já disse Amaury sobre a apresentadora. A estudante de biologia que passou pelos palcos da TV Rio Preto foi para São Paulo.

ROLA OU NÃO ROLA?

Em 2014, uma foto de Amaury Junior e Ana Maria Braga juntos em um Carnaval nos anos 1980, em Rio Preto, pôs em alvoroço os principais sites de celebridades e as redes sociais. Ana estava vestida com um top que deixava muito em evidência a barriguinha totalmente em forma, ao lado de Amaury, cabeludo e sorridente. O promoter David Brazil, com mais de um milhão de seguidores no Instagram, fez piada. Levantou, aos poucos, um possível romance antigo entre ambos e ainda escondido do público. Amaury calou-se. Amigos do apresentador confidenciam que ele teria assumido que houve, sim, "um namorico".

Ana pronunciou-se em entrevista ao próprio Amaury, em uma festa em São Paulo: "Pois é, e aí a pergunta que não quer calar, que todo mundo manda e faz por internet ou telefone: 'Mas olha vocês dois em Rio Preto, num Carnaval, você namorava o Amaury?'. Não. A foto foi cortada: a Celina estava ali do lado. Na época, ela já era dona do pedaço. Eu já conheci o Amaury com Celina. Então, foi por falta de oportunidade, porque a Celina chegou antes." E deu sua conhecida gargalhada. No fim da entrevista, ainda tascou um selinho no amigo.

A história, porém, não foi enterrada com a declaração. Convidado do quadro *Elas Querem Saber* do *Programa Raul Gil*, dos sábados à tarde no SBT, Amaury foi questionado sobre o assunto pela socialite Val Marchiori. Ele parou por um momento e respondeu: "Eu conheci Ana Maria na faculdade, em uma gincana. Ela era absolutamente linda. A gente ia tomar chope juntos." A socialite alimentou o bafafá em seu blog: "Ele disse que saíam juntos, que 'saíamos para tomar um chope, vamos dizer assim...'. O Amaury é esperto! Não quis se comprometer, mas disse tudo ao mesmo tempo. *Hello!* Pensou os dois juntos? Ia ser divertido! O Amaury até altas horas nas festas e Ana Maria no ouvido dele, no outro dia, gritando: 'Acooooorda, menino!'. Eu acho que não ia dar certo!"

Ana Maria não falou mais — cancelou, inclusive, sua entrevista para este livro, após já tê-la aceitado. Em junho de 2015, durante participação no programa *Roda Viva*, da TV Cultura, quando o jornalista Flávio Ricco citou o nome de Amaury Junior, ela se esquivou: "O Amaury fala demais. É muito linguarudo."

A AMIGA HEBE CAMARGO

Toca o telefone na casa de Amaury Junior. Do outro lado da linha, Hebe está enfurecida:

— O que aconteceu? Você me tirou da vinheta. Por que fez isso?

As vinhetas do programa de Amaury Junior — com músicas de fundo como "Nice and Slow", de Jesse Green (do "ôôôô") — mostram uma variedade de personalidades que estiveram em eventos cobertos pela atração. Hebe Camargo era presença obrigatória desses flashes rápidos. Com uma certa periodicidade, a vinheta mudava para incluir novas figuras. Mas Hebe continuava nela. Alguém na ilha de edição, porém, cortou a imagem de Hebe, que se indignou. Em um evento, esbarrou com o diretor Leandro Sawaya e sua primeira abordagem foi:

— Eu sei que foi você que me tirou da vinheta.

A solução encontrada por Amaury e equipe foi criar uma vinheta só com Hebe Camargo ao som de algumas das músicas-símbolo do programa, como "Nice and Slow" e "Keep It Comin' Love": Hebe era a rainha e com ela não se mexia.

A primeira vez que Amaury avistou Hebe Camargo foi na janela da casa dela, no bairro paulista do Sumaré, próximo às instalações da TV Tupi. O amigo e jornalista José Hamilton Ribeiro fez a ponte entre eles.

Hebe já era conhecida, nesse período, pelo carisma e pela gargalhada. Surgiu em 1955, com o programa de variedades e entrevistas *O Mundo É das Mulheres*, na TV Paulista. Na mesma emissora, no início dos anos 1960, apresentou uma nova atração inspirada nos talk-shows americanos, com um elemento que viraria marca em sua carreira por mais de cinco décadas, o sofá. Em 1966, estreou um programa de entrevistas, aos domingos, na TV Record, então campeã absoluta de audiência.

Relembra o jornalista Mario Mendes no obituário da estrela feito para a revista *Veja*, em outubro de 2012: "Um dos passatempos da imprensa era comparar a rápida e monoglota Hebe à atriz Bibi Ferreira, que, no comando de um programa semelhante na TV Excelsior, adorava conversar com intelectuais, às vezes em inglês ou francês fluentes. A despeito da caçoada, os telespectadores de Hebe se mantinham fiéis. 'Meu programa é popular, e o público não me aceitaria muito sábia e sofisticada', pontificava a apresentadora."

Amaury e Hebe se tornaram amigos próximos. Uma pessoa do passado os ligava: o empresário Luiz Roberto Ramos, ex-sócio de Amaury no jornal *Dia e Noite* em São José do Rio Preto, era filho de um grande amor de Hebe. Na verdade, do maior amor que passou pela vida da apresentadora, um homem chamado Luisão. Amaury lembra do dia em que apresentou à amiga o tal sócio, filho de Luisão. Ela, inesperadamente, chorou. Falou, meio nas entrelinhas, que o pai do rapaz tinha sido o homem que a fez perder a primeira e histórica transmissão da televisão no país.

Sempre com boas relações no meio artístico, Hebe era uma das poucas pessoas que foram ao Porto de Santos, em 1950, esperar a chegada dos equipamentos que seguiriam para a TV Tupi, no Sumaré. Recebeu, naquele dia, o convite do empresário Assis Chateaubriand, dono da emissora, para cantar o Hino da TV Brasileira. Só não participou do primeiro programa — intitulado *TV na Taba* —, em setembro de 1950, porque fingiu um mal-estar e correu para um compromisso fora. Todos sabiam que tinha ido namorar. Foi substituída por Lolita Rodrigues, que, com Nair Bello, se tornaria sua amiga da vida inteira. Agora se revela que foi Luisão o responsável pela falta.

O marido de Hebe, Lélio Ravagnani, nunca teve muita simpatia por Amaury, porque ele conhecia o homem que balançava o coração de sua esposa. Amaury nunca se importou. Diz que tem gratidão eterna por Hebe, porque ela sempre o prestigiou e fazia questão de elogiar publicamente seu trabalho. Esteve presente na estreia de todos os seus programas. Era uma espécie de talismã, e garantia boa audiência e repercussão por onde passava. Na estreia do *Manhã Mulher*, matutino da Band, Hebe fugiu ao combinado e regeu a orquestra de Ed Costa. "Ela gostava do que eu fazia, do jeito que eu fazia, ela me achava o máximo. Sempre me botou para cima, inclusive quando eu mesmo estava cético. Ela logo respondia: 'Você é muito bom, taca o pau'", relembra.

Amaury foi responsável pelo namoro da apresentadora com Ciro Batelli. "Eu inventei esse namoro. O Ciro e a ex-mulher dele, Cristina, eram amigos da Hebe, porque Hebe ia muito para Las Vegas e ele administrava uma empresa que assessorava cassinos na Europa. Quando a Hebe ficou viúva e ele se separou, ambos começaram a trocar e-mails. Ele vinha para o Brasil e me dizia: 'Ah, falei com sua amiga Hebe.' Dias depois, repetia a frase. Até que eu cheguei e falei: 'Porra, você fala com ela todo dia? Por que não namoram de uma vez?'"

Em 2001, os sites e revistas começaram a dar manchete para um suposto romance entre os dois. O site *Babado* perguntava: namoro ou amizade? "A apresentadora Hebe Camargo teria oficializado o namoro com o empresário Ciro Batelli, segundo informações da revista *Quem*, que chega amanhã (17) às bancas. De acordo com a publicação, o casal passou o feriado em Tabatinga, litoral de São Paulo, e Ciro viajou no sábado (13) para Las Vegas, onde mora. A assessoria de imprensa de Hebe, no entanto, nega que ela esteja namorando o empresário, e confirma que a apresentadora viajou com ele e amigos neste feriado. Em seu programa desta segunda-feira, ao vivo no SBT, a apresentadora deu a entender que não estava namorando Ciro. Segundo amigos próximos, Hebe está encantada com os galanteios de Ciro Batelli. Mas não pretende ter um envolvimento mais sério com alguém que mora tão longe."

Dias depois, as revistas *Caras* e *Quem Acontece* deram capa com o casal. De acordo com a *Quem*,

Depois de quatro meses de 'flerte virtual' e muita especulação, o empresário Ciro Batelli, 64 anos, esteve em São Paulo para pedir 'a mão' de Hebe Camargo, 72 anos, em namoro. Pode parecer antigo, mas é com galanteios desse tipo que Batelli vem se aproximando da apresentadora. Toda semana ele envia lírios, rosas vermelhas e bilhetes apaixonados, e telefona para Hebe dos Estados Unidos, onde vive. Desta vez, veio pessoalmente. Na terça-feira, 9, o casal jantou na casa de amigos dela e decidiu estender a conversa para o feriado. Viajaram juntos para Tabatinga, no litoral norte de São Paulo, onde trocaram "beijinhos e carinhos" até o sábado, 13, quando ele voltou para Las Vegas. Segundo amigas da apresentadora, que estão na maior torcida para que o namoro vingue, Hebe e Batelli passaram a maior parte do tempo de mãos dadas, como adolescentes. "Eles estão se curtindo muito", disse Cláudia Moraes, anfitriã do casal em Tabatinga. "Está muito bonitinho e gostoso de ver." Ciro e Hebe se conheceram há muitos anos, quando ambos eram casados. Voltaram a se falar recentemente, quando ela telefonou para lhe pedir um favor. "Começamos a conversar e contei que estava me separando. Ela disse: 'Que peninha'. Mas expliquei que tinha sido numa boa e perguntei se ela também estava solteira. Hebe disse que sim e, imediatamente, anunciei a minha candidatura ao posto", conta ele. Hebe sempre se mostrou entusiasmada com o assédio do empresário. Desde que o apresentador Amaury Jr., amigo pessoal de Batelli, começou a divulgar o flerte do casal, ela confirmou o interesse. Com a vinda dele ao Brasil, está ainda mais envolvida.

O que mais chamava a atenção de Amaury era o ambiente privado de Hebe. Certa vez, ele apareceu na casa da amiga, no bairro do Morumbi, com um vidro grande de pimenta, especiaria da qual os dois eram fãs. Mas se Amaury usava a pimenta como condimento, Hebe as devorava com uma naturalidade espantosa. Certa vez, em um almoço na casa da amiga, ele errou feio ao abusar das pimentas que Lélio comprava na rua Paula Souza. Até hoje, ele crê que um dos segredos da energia inesgotável de Hebe era o gosto por pimentas fortes.

Mas era na bebida que a apresentadora extravasava. Amaury não nega que é bom de copo, mas diz que nunca chegou aos pés dela. Nesse mesmo dia das pimentas, viu uma cena que nunca mais saiu de sua cabeça: encontrou Hebe no canto, sozinha, comendo pão com pimenta e servindo-se de uma garrafa de meio litro de vodca. Depois de um dia inteiro de vodca, ela veio:

— Vamos tomar uma cerveja agora?

E minutos depois:

— A noite pede um uisquinho.

Era hora de ir embora.

"Pensei: 'Não consigo, para onde vai toda essa bebida?' A mulher não ficava de fogo. Estava sempre alegre, adorava piada, mas não ficava bêbada. Há três tipos de bêbados: o inconveniente, que faz merda; aquele que bebe e apaga, como eu; e pessoas como ela, as mais fortes e que por isso são minoria, que bebem e continuam iguaizinhas. A gente jantava muito com ela e ela sempre entornava o caldo, sem nunca se alterar. Era de uma energia fantástica, muito inteligente.

Quem é mito inquestionável no Brasil? Pelé, Silvio Santos, Ayrton Senna, Carmem Miranda e... Hebe Camargo. Era uma mulher que ostentava sem constrangimento. E nem por isso deixou de ser amada. As pessoas queriam ver a Hebe. Quando ela teve a doença [Hebe morreu em setembro de 2012, vítima de uma parada cardíaca, após uma longa luta contra o câncer], não consegui ir ao hospital, muito menos ao enterro. Me doía ver um bando de gente que ia lá só para ser vista pelos fotógrafos e repórteres de plantão no cemitério.

Hebe morreu sem ter realizado um desejo. O sonho dela era ter ido para a Globo. Em uma ocasião, comentei que ela foi muito enfática em afirmar com todas as letras que queria muito ir para Globo. Foi uma participação no *Faustão*, num aniversário da emissora. Ela apenas disse: 'Foi muito sincero'."

VAL MARCHIORI E O BANCO

"*Hellooooo*", gritava Val Marchiori na festa da Artefacto, empresa de móveis e fiel patrocinadora de Amaury, para os convidados que a cumprimentavam. Ela era desconhecida, mas era amiga de Rosy Verdi, sempre bem-relacionada e podre de rica, proprietária do grupo Rodobens.

"Quem me apresentou a Val foi a Rosy Verdi. Falou que eram vizinhas de prédio, e eu a achei alegre, divertida e muito perua. Soube, na festa, que ela comprava muito e era até assediada por todas as grifes paulistanas. Também era casada com um cara muito rico, com quem tinha gêmeos. Essas eram as informações que me passaram lá. Pensei: será que essa mulher não faria um quadro no meu programa? Ela é um personagem. Cheguei à festa e perguntei: 'Não quer fazer um quadro na TV? Só que teria de assumir o seu jeito de perua'. Ela topou. No começo não funcionou, mas depois, com muita orientação do meu diretor, ela se acertou."

Em maio de 2011, a revista *Veja São Paulo* publica uma reportagem de capa, assinada pelo repórter João Batista Júnior, com um perfil de Val. A chamada dizia: "Gastar 75 mil reais em uma tarde de compras, fazer festas de arromba regadas a Veuve Clicquot, bancar do próprio bolso suas apresentações num programa de TV — esses e outros são os ingredientes da receita de Val Marchiori para tentar se tornar uma socialite famosa." A ideia inicial da publicação era fazer uma nota para a coluna social *Terraço Paulistano* sobre uma personagem curiosa da sociedade local. O repórter, porém, descobriu uma personagem fascinante, daquelas que não aparecem com frequência, e os editores decidiram dar uma capa:

> *Alguém que mora num apartamento avaliado em 14 milhões de reais, anda pela cidade em um carrão blindado, usa um avião para as viagens de fim de semana e pode gastar 75 mil reais numa tarde de compras não deveria ter muitos motivos para se aborrecer. Mas a vida é dura e, de tempos em tempos, acontece algo para acabar com o alto-astral da empresária e apresentadora Val Marchiori. Ela salta das tamancas (da Christian Louboutin, naturalmente), por exemplo, quando lembram que seu nome de batismo é Valdirene. Segunda dos quatro filhos de um casal de agricultores, nasceu em Arapongas, no norte do Paraná, e sempre sonhou em morar e brilhar em São Paulo, para onde se mudou definitivamente em 2009. (...) Dentro da crescente classe das emergentes, a personagem em questão inaugurou uma nova categoria: a de aspirante assumida a socialite. Desde o momento em que acorda até o fim do dia, faz tudo calculado para aparecer. Exagerando nas caras e bocas em frente à câmera, grava entrevistas no Brasil e no exterior para o quadro semanal Ícones de Luxo, do Programa Amaury Jr., na RedeTV!. Detalhe: nessas ocasiões, banca do próprio bolso as despesas de deslocamento e estada. (...) Desde cedo, essa perua assumida de 36 anos já demonstrava apetite pelo sucesso. Diz que, ainda menor de idade, começou a ganhar uns troca-*

dos vendendo no esquema porta a porta os produtos da Avon. Na adolescência, virou modelo e passou um tempo na Itália. Depois de quatro anos, voltou ao Brasil para montar em sociedade com um de seus três irmãos a transportadora Valmar, em Londrina, perto de sua cidade natal. Dinheiro, definitivamente, deixou de ser um problema quando, em 2005, passou a viver com seu conterrâneo Evaldo Ulinski, dono do frigorífico Big Frango, que faturou no ano passado 1,2 bilhão de reais. (...) Em 2009, contratou a promoter Alicinha Cavalcanti para organizar seu aniversário de 35 anos. Os 150 convidados, parte deles desconhecida da anfitriã, beberam 130 garrafas de Veuve Clicquot Rosé e quarenta do caro vinho tinto italiano Brunello di Montalcino safra 2004. A noitada, que teve ainda um show do cantor Paulo Ricardo, custou 150 mil reais. Mas para ela valeu cada centavo.

Isso porque o apresentador Amaury Jr., presente ao evento, fez o convite para que a personificação da perua moderna passasse a integrar seu programa. A ideia era que ela abordasse o mercado de luxo. Ou seja, falasse de coisas do dia a dia de quem toma champanhe em taça banhada a ouro importada da Noruega e tem coleção de mais de cem bolsas de grife — só Louis Vuitton são mais de trinta modelos. "A Val é exótica, linda e simpática", afirma o colunista social eletrônico da RedeTV!. "Além disso, viaja bastante e é deslumbrada com o mundo do glamour." Sem se importar com salário, ela topou na hora. A estreia ocorreu há 11 meses. Já viajou para Itália, Estados Unidos e Canadá, sempre voando de primeira classe e se hospedando em hotéis cinco-estrelas. Tudo pago com seu próprio dinheiro. "Amo ser apresentadora", conta. Graças a dois patrocinadores, afirma recuperar hoje parte do investimento, faturando vinte mil por mês. "Consigo pagar algumas despesas e comprar um ou outro vestidinho."

Em 2015, o nome de Val surgiu em várias reportagens nos cadernos de Política dos principais jornais. *Folha de S. Paulo*: "Ministério Público e PF investigarão empréstimo do Banco do Brasil a amiga de Bendine." "BB financiou Porsche para socialite amiga de Bendine." "Bendine levou amiga para missão do BB, diz executivo." Aldemir Bendine foi presidente do Banco do Brasil e nome escolhido pela presidente Dilma Rousseff para assumir a Petrobras em meio ao escândalo do Petrolão.

O caso começou em 2014, e foi revelado pelo jornal quando vieram à tona documentos que mostravam que o Banco do Brasil contrariara normas internas e ajudara Marchiori a conseguir um empréstimo de 2,7 milhões de reais para a empresa da socialite, a Torke Empreendimentos, através de uma linha de crédito subsidiada do BNDES, com juros de 4% ao ano — taxa inferior à inflação. Papéis internos do banco revelavam que o banco primeiro aprovou limite de crédito de três milhões de reais para a socialite e depois a instruiu a elaborar uma série de documentos sem os quais ela não teria o financiamento aprovado pelo BNDES. A socialite tinha restrição de crédito no banco por não ter pagado empréstimo anterior e também por não poder comprovar capacidade financeira para obter o financiamento.

Meses depois, o mesmo jornal publicava outra reportagem:

> *O ex-vice-presidente do Banco do Brasil Allan Toledo relatou ao Ministério Público Federal, em depoimento prestado em 2014, que o atual presidente da Petrobras, Aldemir Bendine, deu carona para a socialite Val Marchiori e a mais dois amigos num jato na época em que presidiu o banco. Toledo se referia a uma viagem feita por Bendine para Buenos Aires em abril de 2010, em agendas oficiais. O depoimento de Toledo está encartado no*

inquérito aberto pelo Ministério Público Federal que apura eventual crime de improbidade administrativa cometido por Bendine. O processo teve início a partir de denúncias feitas pelo motorista do então presidente do BB, Sebastião Ferrera Silva, que afirmou ter transportado dinheiro vivo para o patrão em várias ocasiões. Ele trabalhou para Bendine por seis meses. Aos procuradores, Ferreira Silva também mencionou Toledo, bem como a viagem a Buenos Aires, o que motivou a convocação do ex-vice-presidente do banco a prestar esclarecimentos como testemunha.

Em fevereiro de 2015, a história respinga em Amaury, com destaque em jornais e sites: "Banco comprou anúncios na RedeTV! quando Val Marchiori tinha um quadro no programa Amaury Jr.; relação de socialite com Bendine é alvo de investigação." O jornal *O Estado de S. Paulo* noticiou:

Quando Aldemir Bendine, atual presidente da Petrobras, comandava o Banco do Brasil, a instituição financeira estatal comprou anúncios na RedeTV! para serem exibidos no horário em que a socialite Val Marchiori tinha um quadro no Programa Amaury Jr.. A publicidade custou R$ 350 mil ao ano e durou apenas enquanto Val Marchiori trabalhou no programa, entre 2010 e 2011.

No Programa Amaury Jr., Val Marchiori apresentou um quadro sobre viagens e bens luxuosos do início de 2010 a meados de 2011, quando deixou a RedeTV! para participar do Mulheres Ricas, na Band.

O Banco do Brasil nega que a publicidade tenha relação com Val Marchiori. Diz que a compra do espaço levou em conta "o público-alvo do BB" e que "os investimentos no Programa

Amaury Jr. em 2010 e 2011 representaram 5,7% de todo o valor aplicado na RedeTV! no período." A RedeTV! afirmou que "não divulga dados dos contratos com seus clientes". Val Marchiori e Bendine não comentaram o caso.

Explica Amaury:

"Eu não posso negar que uma das coisas que nós queríamos era um patrocínio do Banco do Brasil. Eu sabia que Val era muito amiga do Dida (apelido de Bendine), ela conversou com ele, conversou com o marketing do BB e conseguiu uma pequena verba, direcionada à RedeTV!. O BB já tinha verba de publicidade na emissora e aumentou para alocar ao nosso programa. As pessoas começaram a falar: 'Ah, você pega dinheiro dessas negas'. Não é assim. Tentei colocá-la na TV, meu diretor tentou, não deu muito certo no começo e só depois de muito tempo saímos para vender. O quadro era sobre assuntos de luxo e o negócio correspondia a um patrocínio de um cartão de luxo. Sabe como é, TV é mais caro, ela prospectou em vários lugares, inclusive grifes, e conseguiu dinheiro do banco. Eu não tive participação direta nessa história, eu não vendi. Quando ela chegou, eu falei: 'Você não é de TV, você vai começar a fazer uma experiência para ver se dá certo e depois tentaremos vender'. Não posso pagar uma pessoa que não é do ramo. Ela topou e aí veio o dinheiro. TV, fora da Globo, funciona assim. Por exemplo, o estilista Amir Slama era meu repórter, mas eu não tinha como pagá-lo. A troca era eu dar um espaço, duas vezes ao mês, para ele falar de sua coleção de moda. Quem não tem cão caça com gato."

ESSE É AMAURY JUNIOR:

"Primeiro, preciso dizer que adoro o programa do Amaury — e não é de hoje, não. Nunca vou dormir sem passar pra ver o que está acontecendo. Acho Amaury um ótimo entrevistador. Ele sabe chegar aonde quer sem constranger seu convidado e arranca 'pérolas' como ninguém mais. Faz o tipo desencanado, nada metido, e isso é muito bom. Ninguém aguenta muita pose no final de noite, certo? E mais: Amaury é um cara dedicado, focado — por isso e por seu enorme carisma, ele chegou lá. Faz tudo com qualidade e leva a gente junto sem que a gente perceba. Taí um excelente exemplo de como uma pessoa pode fazer as coisas certas, da maneira correta e ter sucesso. Muito sucesso."

Joyce Pascowitch, jornalista e colunista social

9 PAI CALADO, FILHA DESTRAMBELHADA

Em 1991, João Gilberto, o maior nome vivo da bossa--nova, fez um show para convidados da cervejaria Brahma, no antigo Palace, em São Paulo. Um artigo de 5 de abril daquele ano, no *Jornal da Tarde*, faz um panorama da noite:

Poucos seriam capazes de prever: a plateia de privilegiados que lotava o Palace na noite de quarta-feira, participando com entusiasmo de um tititi sem precedentes na história da casa, permaneceu no mais absoluto silêncio durante os exatos sessenta minutos em que João Gilberto esteve no palco. Após duas horas de espera, ruidosamente preenchidas com vários encontros entre notáveis e muita bebida, o público foi avisado de que não poderia fumar durante a apresentação do cantor e as muitas câmeras fotográficas e de televisão só poderiam entrar em ação depois de meia hora de show. A estrela da noite soube retribuir o respeito do público: o que se assistiu a seguir foi um raro espetáculo de técnica e preciosismo, proporcionado por um dos melhores músicos do mundo, com toda a seriedade e obstinação que essa condição certamente exige. Há muito tempo João Gilberto já demonstrou seu desprezo pelo rótulo "bossa-nova"; ele se considera um sambista. Não por acaso, o repertório do show do Palace incluiu dezesseis sambas tradicionais, interpretados no consagrado estilo que se convencionou chamar de bossa-nova, mas que é, muito mais, uma forma de cantar e tocar violão criada por João Gilberto, que a cada dia busca torná-la mais próxima da perfeição. É cristalino: ao contrário do que apregoam os idiotas da obviedade, a arte de João está em constante evolução; e cada apresentação sua pode ser apreciada como uma verdadeira aula de música brasileira. Depois de um show de João Gilberto, lembramos que o Brasil, ao menos musicalmente, é uma verdadeira maravilha. (...). João Gilberto também incluiu no show algumas músicas que se tornaram autênticas pérolas de seu repertório mais recente, como "Preconceito", "Adeus América", "Sandália de Prata" e "Curare"; e ainda brindou o público com belíssimas interpretações de "Saudosa Maloca", "Aos Pés da Cruz", "Saudade da Bahia" e "O Pato", esta, a única da fase consagrada como bossa nova que constou do roteiro. Todo esse programa de música brasileira de primeira linha foi apresentado no Palace com som perfeito e uma iluminação precisa e criativa na sua simplicidade. E quando João Gilberto deixou o palco, dois telões exibiram o comercial gravado por ele para a Brahma — desde já, a mais requintada interpretação de um jingle jamais feita no Brasil. É certo que o roteiro do show poderia ter mais uma hora, incluindo coisas como "Estate", "You Do Something to Me", "Isaura" e tantas outras. Afinal, quando João Gilberto canta, sempre fica a impressão de que foi pouco; e todo o folclore que existe em torno de sua figura invariavelmente polêmica se torna insignificante diante da impressionante dimensão de sua arte.

Convidado pelo publicitário Eduardo Fischer, criador da campanha Brahma Número 1, Amaury foi chamado para entrar no camarim do cantor sem câmeras. Fischer sabia que João Gilberto era notívago e um dos seus companheiros de madrugada era o programa *Flash*, de Amaury, na Band. Amaury entrou no camarim e foi muito bem-recebido. O apresentador esperou um tempo de conversa até lançar aquilo que estava na sua cabeça desde o começo: convidá-lo para dar uma entrevista depois de mais de dez anos sem abrir a boca. O recluso disse não. Mas algumas tias do cantor estavam presentes e insistiram para ele falar. "Você fala tanto do *Flash*, por que não aproveita e fala com o Amaury?" Repetiram tanto o argumento que, enfim, João topou. Antes de comemorar aquele que poderia ser um golaço, o apresentador percebeu só ali que estava sem câmera e sem iluminador. Pediu alguns minutinhos e saiu do camarim. Toda a equipe já estava no estacionamento, prestes a ir embora, quando o chefe surgiu pedindo que todos voltassem. Quando as luzes se acenderam, João pediu para ir ao banheiro e só saiu com a influência do crítico musical Nelson Motta e da cantora Elba Ramalho. Saiu abraçado ao lado de Nelson e do maestro Eduardo Souto Neto.

EIS A ENTREVISTA:

Amaury: Você tem a fama de ser um perfeccionista extremo. Quer dizer, o fato de você às vezes não comparecer em alguns shows, o fato de você fugir do microfone no momento preciso em que você tem de apresentar para o público. Eu considero isso um perfeccionismo extremo, que você quer o som na medida. Eu quero que você explique ao Brasil. O Brasil tem uma sensação errônea a teu respeito, e eu sei que isso é um perfeccionismo extremo da sua parte. Eu queria só que você falasse.

João Gilberto: Eu posso pedir ao Nelsinho para falar e o Eduardo?

Nelson: Eu ia falar isso mesmo. Eu acho que não é o Brasil, mas algumas poucas pessoas desavisadas. Faz trinta anos que eu trabalho com música brasileira, vivendo isso, e [João] é um artista que eu conheço com o maior senso de profissionalismo, maior respeito ao público. Acho que é um artista que chega e, se o som não está direito, a coisa não funcionar, e não puder se apresentar direito, é melhor adiar o show do que fazer uma coisa pela metade. Acompanhei shows do João Gilberto em Roma, em Genebra, em Barcelona, em Nova York, ele sempre foi e sempre fez os shows. Nas raríssimas vezes em que isso aconteceu [faltar], foi porque não havia mínimas condições técnicas, ou condições físicas dele, se ele tá doente. Ele não é um jogador de futebol, que não é tão sensível quanto a garganta de um artista que se apresenta somente com seu violão. Quer dizer, uma banda de rock'n'roll com oito músicos, tem dois que não estão tocando e não faz nenhuma diferença porque é a tal da zueira. Agora, com voz e violão, se não for uma precisão absoluta, não tem sentido fazer isso. Então, é uma prova de grande respeito ao público que o João dá. E eu acho que o João Gilberto é um exemplo para todos os artistas brasileiros. E todos os artistas, os artistas de verdade, têm no João Gilberto um exemplo.

Amaury: O maestro vai falar. O João Gilberto não vai falar mesmo. Então, vamos fazer por interlocução.

Maestro: É. Porque ele sabe fazer chorar. Ele lida com emoção. Ele me fez chorar o tempo todo hoje.

João Gilberto: Foi ele que fez o arranjo do comercial, que você viu.

Amaury: O comercial da Brahma.

João Gilberto: É, aqueles vocais, "vapt-vupt".

Maestro: Sem fazer chorar não dá certo, sem ter condições para passar a emoção não dá. E ele respeita isso, e muitas vezes nós, maestros, músicos, artistas somos obrigados a entrar no palco sem as condições necessárias, porque o tempo exige, porque a verba exige, ou as limitações exigem. Ele conseguiu transcender isso provando que o talento é mais importante. O que temos de oferecer ao público é mais importante que as condições. Você tem de emocionar.

Nelson: E essas coisas passam e a grande arte do João Gilberto vai ficar para sempre.

Amaury: Por que você não gosta de falar, João Gilberto? Você é uma pessoa tão simpática, tão agradável.

João Gilberto: Muito obrigado. Seu programa é uma beleza. Nos alegra muito, né, Nelsinho?

Nelson: Todas as noites. Só se ele cantar, né, João?

João Gilberto: Quando termina é uma pena. Puxa, o Amaury já terminou.

Amaury: João Gilberto, você, como pai da bossa-nova, como você vê a bossa-nova hoje, que tá aí, inclusive, alguns artistas fazendo com que ela volte com sua marca registrada, como é o caso da Rita Lee e Tim Maia? Você tem observado esse movimento?

João Gilberto: Nelsinho e Eduardo, essa pergunta é deles. Palavra de honra, Amaury.

Nelson: Vou falar aquilo que nós conversamos, né? De Rita e tudo. É um show maravilhoso. Rita é uma grande fã de João. João é fã de Rita também.

João Gilberto: Completamente. Grande Rita! De Rita e Roberto.

Amaury: Quais são os cantores brasileiros que você mais admira, que você respeita? Rita Lee você falou...

João Gilberto: Rita Lee, Caetano Veloso, Gil, ééé.... Tom, e tem um cantor chamado Roberto Silva, maravilhoso.

Amaury: Roberto Silva?

João Gilberto: Sim. São tantos.

Amaury: E esses novos valores, esses novos que estão se apresentando, você vê alguma coisa resplandecente?

João Gilberto: Emílio Santiago, Beth Carvalho...

Amaury: Beth Carvalho, que, aliás, está aqui presente!

João Gilberto: Elba Ramalho...

Amaury: Elba Ramalho, que está aqui também!

Elba: Gosta de forró, João? Que legal. Eu te amo!

João Gilberto: Obrigado. Amaury, gosto de todos.

Amaury: Você gostaria de dizer alguma coisa para o Brasil, alguma coisa que você gostaria que o Brasil soubesse a teu respeito? Você dentro dessa sua... É uma coisa aprisionada que a gente percebe.

João Gilberto: Um beijo pro Brasil.

Esta é a entrevista que Amaury guarda com mais carinho. No dia seguinte, muito se falou das palavras de João. No dia 9 de abril de 1991, o jornalista Aramis Millarch fez um artigo, originalmente publicado em um jornal paranaense, com o título "A não-entrevista de João, o silencioso":

> *Quem viu conferiu! Apesar de todas as chamadas para a "quebra de jejum de entrevistas há catorze anos", as "declarações" de João Gilberto para o repórter social Amaury Junior em seu Flash (Rede Bandeirantes, uma hora da madrugada do último domingo, 7), não passaram de oitenta palavras como, meticulosamente, computou um dos assessores do colunista Zózimo Barroso do Amaral, do Jornal do Brasil. Apesar de dedi-*

car todo o espaço do programa ao evento musical da temporada — o show "número um" bancado pela Brahma no Palace, em São Paulo, na noite da última quarta-feira —, o TV-repórter Amaury Junior só teve autorização para gravar uma das músicas interpretadas por João Gilberto — "Aos Pés da Santa Cruz" — e mesmo tendo acesso ao camarim, pouquíssimo conseguiu. Ao lado de seu amigo Nelson Motta, um envelhecido João Gilberto (do Prado Pereira de Oliveira), sessenta anos a serem completados no próximo dia 10 de junho, mostrou que embora baiano de Juazeiro, continua a ser mais mineiro do que nunca. Enquanto Amaury Junior descarregava sua famosa verborragia, falando de sua admiração e amor por João, este, monossilabicamente, limitava-se a retribuir dizendo que também era seu fã — em sua fortaleza (quase) inacessível no apart hotel do Leblon, Rio de Janeiro, onde se esconde há mais de quinze anos, acompanha seu programa de madrugada.

AS PÉROLAS DE BEBEL GILBERTO

Em novembro de 2011, o site da *Harper's Bazaar* anunciava com pompa: "Não poderíamos estar mais felizes com o lançamento da primeira edição da *Harper's Bazaar Brasil*. E nada melhor do que uma boa festa para celebrar, não é mesmo? Pois então prepare-se porque nesta quinta-feira (10/11), a noite será nossa. Em parceria com o *International Herald Tribune* — que traz seu seminário de luxo ao Brasil pela primeira vez , Patrícia Carta e Idel Arcuschin recebem no Ballroom — *club* recém-inaugurado nos Jardins para a festa oficial de lançamento da *Bazaar Brasil*. Teremos um show especial de Bebel Gilberto, que vem de Nova York especialmente para a ocasião."

Com quinhentos convidados presentes, o evento contou com as presenças da apresentadora Luciana Gimenez e o marido, Marcelo de Carvalho, a modelo Letícia Birkheuer e os estilistas Paola Robba, Glória Coelho, Reinaldo Lourenço, Cris Barros e Sarah Burton, responsável por fazer o vestido de noiva de Kate Middleton. O designer de sapatos Christian Louboutin era esperado na noite, mas não apareceu.

Diretora da Carta Editorial, Patrícia Carta festejava o lançamento da revista que viria para concorrer com a sua *Vogue*: "As marcas começaram a descobrir o Brasil e nós já estávamos preparados para essa chegada. É um ótimo veículo, já que o mercado de luxo e o poder aquisitivo estão passando por um grande crescimento por aqui."

Amaury foi para festa focado em entrevistar Bebel Gilberto. Tinha entrevistado a cantora em Lisboa, completamente por acaso, em 2011. Foi em um dia de gravações intensas em Portugal, que começou com Cláudia Raia na estreia de uma peça, seguido de uma entrevista com Regina Duarte na cobertura de um prédio. Ao sair, no lobby, Bebel Gilberto estava parada. Enquanto Amaury fazia as honras da casa, Celina e o diretor Leandro Sawaya correram para um computador do hotel para pesquisar assuntos para uma entrevista. A entrevista rendeu, e foi uma prévia do que aconteceria seis anos depois.

No dia da festa da *Bazaar*, um assessor de Bebel informou que ela atenderia Amaury depois do show. Ele esperou e fez a hilária entrevista abaixo:

Amaury: Eu tô dizendo para a Bebel Gilberto, que eu já tive o privilégio de entrevistar em diferentes momentos da sua carreira, em diferentes países, que a sua sensualidade está absolutamente aflorada. A voz não se discute, é *hors concours*, o gênero, a forma, as músicas, tudo, isso não tem o que se comentar. Mas a tua sensualidade está muito aflorada. Eu quero saber de onde vem isso.

Bebel: Parece que é Lua em Touro. Eu sou taurina. Então,

Mercúrio está entrando no meu signo. Eu acredito em tudo isso. Então, acho que uma nova época, uma nova era está vindo ao meu favor. Então, tô falando com você, é uma maravilha, porque meu pai é seu fã, e espero que papai veja essa entrevista. Queria dedicar essa entrevista a ele.

Amaury: Mas Bebel, você acredita piamente em astrologia?

Bebel: Piamente em astrologia, tarô e gim. Eu sou uma bruxa.

Amaury: E você faz isso sistematicamente regendo a sua vida?

Bebel: Não. Quando minha vida tá muito boa, eu nem mexo. Quando está ruim, eu vou lá e mexo. Eu não faço macumba, não acho que seja bom, mas não tenho nada contra, eu acho macumba legal, se proteger. Mas gosto de rezar. Uma boa ave-maria sete vezes, salmo 31 cai bem pra caramba e é isso aí.

Amaury: Bebel, você está morando em Nova York. O que seus amigos falam dessa bruxa brasileira em Nova York?

Bebel: Eles sempre pedem. Quando tomo um pouquinho, vem à flor da pele mesmo, eu sou uma boa leitora de cartas. Acredito muito nisso, mas não é isso que quero falar. O que quero falar é que eu acho, Amaury, já que eu tô tendo a palavra aqui para todo mundo, eu tô muito preocupada com o planeta, e com a forma que as pessoas estão tomando conta do planeta. Então, não quero que pareça que estou louca... não... eu sou... é... um pouco, mas numa boa, se ninguém salvar a água, quando escovar os dentes, lavar louça, se não pensar em fazer um *compost*. Eu tava agora no México num hotel totalmente ecológico que não usa água, só usa favas, e tenta realmente tomar conta do planeta. O mar lá você vai e sabe que é puro, a areia é pura. Então, eu tô nessa. Limpar o planeta, limpar o pensamento das pessoas e principalmente fazer um alerta contra o Facebook e todas essas redes sociais que fazem os jovens de hoje ficarem obcecados por uma vida virtual em vez de viver a vida que eles têm agora. Eu acho isso o fim da picada. [Muda o semblante e olha séria para Amaury.]

Amaury: Você está no Facebook, está no Twitter?

Bebel: Eu tenho Facebook, tenho Twitter, mas eu não faço sempre.

Amaury: Não é uma obsessão?

Bebel: Não. *Cheers*! [Pega uma taça de champanhe.] Pra internet!

Amaury: Eu também quero fazer *cheers*. *Cheers*!

Bebel: Mas que seja usada de forma correta.

Amaury: É, é uma rede poderosa, está comprovado internacionalmente.

Bebel: Eu gosto mesmo é de uma televisão, sabe?

Amaury: Como é que é?

Bebel: Adoro uma televisão. [Gargalham.]

Amaury: Fala do DVD.

Bebel: Estou fazendo uma vida nova e estou muito feliz de estar aqui com você.

Amaury: Você não tem que fazer vida nova. Você é uma coisa absolutamente inatingível e acima de qualquer julgamento, Bebel. Você não se saca assim?! Não, né?

[Faz que não com a cabeça.]

Bebel: Tô começando a fazer uma boa terapia agora.

[Gargalham.]

Amaury: É verdade que vai gravar uma coisa com seu pai, João Gilberto?

Bebel: Eu adoraria, mas vamos ver, papai é um mistério. O que ele quiser eu faço. Mas deixa o papai para lá, descansar, que ele está gripado.

Amaury: Você sabe muito bem que eu tive o privilégio de fazer uma entrevista. Olha, quando eu conversei com João Gilberto, pai da Bebel, fazia dez anos que ele não falava e até hoje ele não falou. Portanto, é a exclusividade mais longeva que o nosso programa tem. E eu fico muito feliz com isso.

Bebel: Papai te adora. Todo mundo te adora, Amaury. Você é uma peça rara. Eu te vejo desde os anos 1980 com o Cazuza. A gente chegava de madrugada em casa, ligava a televisão para te ver. Numa boa, eu adoro você, é um prazer falar com você.

(...)

Amaury: Bebel, só me conta para a gente encerrar. Nós estamos encerrando o ano, o seu ano foi feliz, eu sei, eu te acompanhei, à distância...

Bebel: Não, meu ano não foi feliz.

Amaury: Não foi?

Bebel: Queria dedicar... A Ana Abdul se matou há alguns dias, era uma grande pessoa, um grande talento, foi um choque para todo mundo da moda; a Luciana de Moraes se matou, a Amy Winehouse morreu, muita gente morreu, muitas brigas aconteceram, 2011 foi barra pesada. Não vou mentir pra você, não. Foi um ano de repensar, e toda vibração para as pessoas que foram embora. E pras pessoas que brigam, que não briguem mais.

Em junho, Amaury citou essa entrevista ao jornalista Jardel Sebba, na *Playboy*, ao responder se alguma vez chegara a ficar bêbado durante o programa: "Você já me viu bêbado no ar? Nunca fiquei bêbado no ar. Uma vez eu entrevistei a Bebel Gilberto e ela estava. [Risos.] E aí brinco que depois do primeiro drinque as pessoas ficam muito mais engraçadas. Eu não fico inconveniente. A minha reação quando tomo um porre é ficar inconsciente. Vou dormir. A coisa mais inconveniente é nego que fica bêbado e invade a câmera para falar de projeto pessoal. Já tive mil casos. Às vezes é amigo, mas eu digo: 'Tira esse cara daqui!' Mas o programa não é ao vivo, então se eu mandar todo mundo tomar no cu, não vai ao ar, vão tirar na edição. Se colecionar todas as bobagens que falei, e que eu sei que eles tiram da edição... Coisas que ficam no arquivo secreto. Falei para o meu filho: 'Entra lá e descobre tudo'."

ESSE É AMAURY JUNIOR:

"Acompanho Amaury há 35 anos. Sua coluna, seu programa, seu sucesso. Uma receita que atravessa gerações. Em seu favor, a elegância para tratar seus entrevistados, humor, a forma especial de falar para o seu público. Amaury é cúmplice dos artistas. Ele aplaude, vibra, reserva espaço para nós. Uma parceira de anos e em franca expansão na TV, colunas e redes sociais. Amaury é muito querido, carinhosamente brinco e digo que ele é o nosso Robert De Niro. Com ele, as noites paulistanas ganharam brilho e assinatura. Ele é único!"

Irene Ravache, atriz

AI, QUE LOUCURA!

Muito antes da divertidíssima entrevista dada no programa de Amaury Junior, a socialite Narcisa Tamborindeguy recebia o apresentador para almoços e jantares em seu apartamento, no edifício Chopin da avenida Atlântica, no bairro de Copacabana, no Rio de Janeiro. Nessas ocasiões, ela aparecia com um sujeito simpático, de bata até o joelho e bolsa Louis Vuitton no ombro, que se intitulava seu assessor: era Bruno Astuto, hoje colunista da revista *Época* e comentarista social do programa *Mais Você*, de Ana Maria Braga.

Quando Amaury aparecia em sua casa, Narcisa sempre repetia a mesma coisa. Depois de duas doses de drinques, aparecia na janela de seu apartamento, com vista para a famosa piscina do Copacabana Palace, e gritava para os frequentadores do hotel:

— Pessoaaaaaaaaaal, vocês não sabem. O Amaury Junior está aqui. Na minha casa! NA MINHA CASA!

Quando chegava ao fim a edição de 2008 do baile do Copacabana Palace, Narcisa deu a seguinte entrevista a Amaury:

Amaury: Narcisaaa Tamborindeguuuuuy! Narcisa tá anima-dérrima.

Narcisa: Eu sou básica, eu sou famosa, porque quando lançou esse baile, eu fui a primeira rainha do baile.

Amaury: Olha a descontração da Narcisa. Olha só.

[Mostra uma imagem da socialite pulando e o mamilo pula para fora do vestido. Só depois ela percebe e ajeita a roupa.]

Narcisa: Eu sou a "Ai que loucura", "Ai que deu certo". E agora no futuro, *Ai, que absurdo*, crônicas do cotidiano com histórias engra-çadíssimas, com muito charme e alto astral para mostrar que a vida, mesmo louca e absurda, é um eterno aprendizado. E viva a nossa felicidade! Por que tudo é um momento, depois passa.

Amaury: Fala mais, fala mais.

Narcisa: Agora eu só danço, a gente tá no melhor baile, o Amaury é o melhor de todos. Eu adoro ele. E a gente vai lançar o meu *Ai, que absurdo* com você.

Amaury: Você vai lançar primeiro no Rio?

Narcisa: Vou lançar no mundo inteiro. Vou lançar em inglês, francês, árabe, tudo, porque quero ficar milionária.

Amaury: Conta pra mim quais...

Narcisa: Não aguento mais ser pobre.

Amaury: Quais absurdos que você relaciona no livro?

Narcisa: Eu relaciono um absurdo, que eu sou tão flexível que eu peguei o primeiro avião e saí correndo nele, e contratei os pilotos e eles nem me cobraram nada, entendeu? Eles ficaram tão alucina-dos que eles me levaram numa ilha, num Bandeirante, no Santos Dumont, não cobraram nada, foi ótimo. E o segundo absurdo foi uma amiga minha que foi morta, assim com tiros, sem mais nem menos, eu ia estar com ela no dia seguinte porque ela me dava aula de ioga. Só para mostrar que a vida, além de louca e absurda, é um eterno aprendizado. E que, sabe, temos que levar a vida com muito alto astral.

Amaury: Dois pedidos para 2008. Três.

Narcisa: Eu quero um namorado bom de cama.

Amaury [não se aguenta e precisa prender a risada]: Que mais?

Narcisa: E que ele fale que me ama. Sucesso profissional e muita viagem com sexo e saúde. Ai, que absurdo!

Amaury: Narcisaaaa Tamborindeguyyyy, direto do Copa.

Narcisa: Do baile mais tradicional do mundo, mais chique, mais *glamourous*. E tem o Zeka Marquez como decorador. Esse baile é fruto de amor e dedicação, porque eu fui a primeira rainha e deu certo. E hoje tem Valentino, teve Monica Belluci, teve os Gerdaus, teve de tudo, meus amores, e teve a Narcisa para vocês.

[Começa a dançar enlouquecida até o chão.]

11

E ATÉ
O AMAURY
CAIU
NESSA

Era só o que faltava: o homem que tem no currículo cinquenta mil entrevistas com os maiores nomes do país ser enganado por um farsante, um homem que ele acreditava ser o herdeiro de uma das maiores companhias aéreas do Brasil. Em 2001, Amaury foi ao Recife para cobrir um dos maiores carnavais fora de época do país, no camarote da cerveja que patrocinava seu programa e era uma das apoiadoras do evento. Criado em 1993, para movimentar a capital de Pernambuco em um período de baixa no turismo, o Recifolia acontece sempre em outubro, com atrações de axé baiano, e durante quatro dias atrai turistas de todas as regiões.

"Fui informado no camarote de que o filho do dono da Gol estava presente. Pedi para minha produtora buscá-lo. Chegou um menino, muito simpático: 'Oi, eu sou fulano de tal.' Falei: 'Ótimo, quero entrevistar você.'"

Feitas as apresentações, Amaury pediu que ligassem as luzes e a câmera, porque gravaria uma entrevista com o herdeiro da Gol:

Amaury: Eu queria que vocês conhecessem o Henrique Oliveira, que é vice-presidente da Gol. Ele é filho do Constantino, que é o presidente, não é? Parabéns à Gol, porque a Gol está passando ao largo dessa crise. Qual é o segredo da Gol? Qual é o segredo da Gol?

"Henrique": Na verdade, nós não temos segredo nenhum. Nós partimos do princípio básico do nosso grupo que é nunca estar devendo nada a ninguém. Então, nós temos os nossos aviões pagos, quitados, não fazemos *leasing*, o que prejudica a aviação.

Amaury: Vocês têm metas internacionais?

"Henrique": Temos. É... Agora no próximo ano, estaremos entrando nessa banca de voo internacional com algumas aeronaves, que nós ainda não decidimos qual o modelo, mas estaremos entrando, sim, nos voos internacionais.

Amaury: Me diga uma coisa, quantas aeronaves tem a frota da Gol?

"Henrique": Nós estamos com dez aeronaves. Todas são Boings 737-700 e estaremos recebendo mais quatro até o final do ano.

Amaury: Onde está a Gol aqui, me mostra onde está a Gol?

[O apresentador está com a camiseta do evento e vira de costas para mostrar a logomarca da empresa aérea.]

"Henrique": Essa é nossa empresa.

Amaury: Parabéns, Henrique. Leve o nosso abraço ao Constantino [Nenê Constantino, fundador da empresa.] e a toda a diretoria da Gol.

"Henrique": Levarei, é um prazer estar com você e sempre que precisar pode contar com a gente. Voe Gol, show de bola em aviação.

Amaury: Show de bolaaa!

Nesse evento, estava em ação Marcelo Nascimento da Rocha, conhecido depois como o "maior trambiqueiro do Brasil". Durante os dias de festa em Pernambuco, Marcelo se passou, com sucesso, pelo

AMAURY JR
35 ANOS DE FESTA

1. Os pais Dona Clélia e o professor Amaury de Assis Ferreira (abaixo) com Amaury e a nora Celina, no dia do casamento do filho, em setembro de 1974; **2.** No dia do casamento, em Catanduva; **3.** Guilherme Paulus, presidente da agência de viagens CVC, no estúdio do programa Amaury Jr. com o apresentador; **4.** Celina, Amaury e Ana Maria Braga no Carnaval do Automóvel Clube de Rio Preto, em 1978; **5.** Pelé ao lado de Amaury relembra uma entrevista concedida ao jornal Diário da Região: "Amaury, bons tempos, parece que foi ontem. Eu não mudei nada. Continuo com meu 'topete' bonito e charmoso", escreveu em um bilhete; **6.** Amaury participa do programa *Viva o Gordo*, com Jô Soares; **7.** Amaury é personagem de capa da revista VEJA São Paulo, em 2007, sob o título "Ele faz a festa".

1. Amaury e Fafá de Belém; **2.** Jair Rodrigues no início da carreira como alfaiate. Ele mesmo fazia seus ternos. A foto foi dada pelo próprio; **3.** Amaury em uma das apresentações em clubes de Rio Preto; **4.** Wanderléa e Roberto Carlos em uma das entrevistas para o Programa Amaury Jr.; **5.** Amaury com o estilista Clodovil Hernandes; **6.** Hebe Camargo, a grande amiga, com Amaury; **7.** Amaury com Xuxa Meneghel nos tempos de *Flash*, na Bandeirantes; **8.** A socialite Val Marchiori.

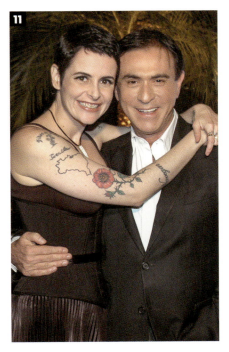

1. Amaury e Ivete Sangalo; **2.** A filha Duda numa das apresentações de Ricky Martin no Brasil; **3.** Amaury e Boni; **4.** A ex-primeira-dama Dulce Figueiredo (no meio), viúva do general João Baptista Figueiredo, e Ginha Nader, maior especialista em Disney do Brasil; **5.** Amaury e Regina Duarte; **6.** O empresário Sidney Oliveira, presidente da Ultrafarma, patrocinador de Amaury; **7.** A socialite Narcisa Tamborindeguy no baile do Copacabana Palace, no Rio; **8.** Com a miss Universo, Ieda Maria Vargas; **9.** Amaury e Chico Buarque nos tempos de *Flash*, na Bandeirantes; **10.** Celina, Lilia Klabin (herdeira da maior produtora e exportadora de papéis para embalagem do Brasil) e Amaury; **11.** Amaury com Fernanda Young.

1. A última entrevista de Dercy Gonçalves; **2.** Entrevista com o cineasta Roman Polanski; **3.** Bebel Gilberto; **4.** Amaury e o casal Fernanda Montenegro e Fernando Torres; **5.** João Dória Jr.; **6.** Dona Marisa e o ex-presidente Lula; **7.** O apresentador Chacrinha; **8.** O ex-presidente Fernando Henrique Cardoso; **9.** O humorista Márvio Lúcio, intérprete do Amaury Dumbo, um dos mais célebres personagens do programa Pânico; **10.** O médium Chico Xavier.

1. Amaury, Celina e o casal de amigos Leila Schuster e José Luiz Gandini, presidente da Kia Motors do Brasil, em Angra dos Reis; **2.** Entrevista com a atriz Sophia Loren; **3.** Guilherme Stoliar e o tio Silvio Santos vestido de noiva numa gravação cancelada do programa de Silvio (a foto foi furtada por Amaury da mesa de Stoliar); **4.** A autora de novelas Glória Perez; **5.** Fausto Silva, amigo desde os tempos de TV Gazeta; **6.** Andreia Salomone, o genro Rubens Comini, Hugo Salomone (Grupo Savoy) e Amaury; **7.** Amaury comendo raiz forte, no Japão; **8.** Marcelo de Carvalho, vice-presidente da RedeTV, e a mulher Luciana Gimenez; **9.** A bordo do Willys Interlagos, em São José do Rio Preto; **10.** O ator Paulo Autran; **11.** Propaganda dos cigarros Advance.

1. A cantora Marina Lima depois de assumir a bissexualidade ao apresentador; **2.** Wagner Moura no lançamento do filme *VIPs*, de Toniko Melo; **3.** O locutor Galvão Bueno e a mulher Desirée Soares; **4.** Zélia Gattai e Jorge Amado em entrevista ao *Flash*, da Bandeirantes; **5.** Amaury, nos tempos de colunismo em Rio Preto, com o colunista carioca Ibrahim Sued. Como dizia Ibrahim: "Sorry, periferia..." **6.** Fábio Jr.; **7.** James Brown; **8.** Tom Jobim, em entrevista a Amaury: "Fazer sucesso no Brasil é ofensa pessoal."

1

2

3

4

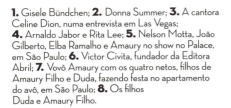

1. Gisele Bündchen; **2.** Donna Summer; **3.** A cantora Celine Dion, numa entrevista em Las Vegas; **4.** Arnaldo Jabor e Rita Lee; **5.** Nelson Motta, João Gilberto, Elba Ramalho e Amaury no show no Palace, em São Paulo; **6.** Victor Civita, fundador da Editora Abril; **7.** Vovô Amaury com os quatro netos, filhos de Amaury Filho e Duda, fazendo festa no apartamento do avô, em São Paulo; **8.** Os filhos Duda e Amaury Filho.

1. A consultora de moda Costanza Pascolato;
2. Lily Marinho; **3.** Os amigos Fúlvio Stefanini, Wilson Tomaz e José Roberto Maluf;
4. Amilcare Dallevo Jr, presidente da RedeTV, e a mulher Daniela Albuquerque;
5. O jogador Ronaldo.

empresário Henrique Constantino, filho do dono da companhia aérea Gol. A história rendeu um livro e um documentário chamado, *VIPS*, — *Histórias Reais de um Mentiroso*, da escritora Mariana Caltabiano, além de um filme baseado no livro protagonizado por Wagner Moura e dirigido por Toniko Melo. No lançamento do filme, a jornalista e crítica de cinema Isabela Boscov escreveu na revista *Veja*:

> *Na crônica policial brasileira recente, poucos casos são tão intrigantes quanto o de Marcelo Nascimento da Rocha, um para-naense que no início da adolescência começou a praticar pequenos ardis — viajava de graça dizendo ser parente do dono da empresa de ônibus — e, deles, foi graduando-se em audácia até se tornar um caso de estudo: aos dezesseis anos, fingiu-se de agente especial da polícia e chegou a ganhar arma; aos dezenove, no Exército, passou-se por campeão de jiu-jítsu, e ainda promoveu um falso leilão de motos no quartel, do qual desertou — com o dinheiro. Em seguida, obteve brevê de piloto com nome falso e imiscuiu-se no narcotráfico, transportando cargas por ar entre o Brasil e o Paraguai (onde fez "amizade", como descreveu, com Fernandinho Beira-Mar). Várias vezes Marcelo foi desmascarado e preso, e vá-rias vezes se livrou da cadeia ou fugiu. E foi nessa condição, a de foragido, que em 2001 rumou para um Carnaval fora de hora no Recife e, no camarote VIP, enturmou-se com modelos, atores glo-bais, usineiros e colunistas sociais passando-se por filho do empre-sário Nenê Constantino e membro da diretoria das linhas aéreas Gol. Durante quatro dias, viveu vida de milionário. Foi festejado e bajulado; emprestaram-lhe um helicóptero para passear no bal-neário de Porto de Galinhas e um jatinho para viajar ao Rio de Janeiro (ele pilotou ambos). No Aeroporto Santos Dumont, a polí-cia já estava à sua espera. Nem aí ele saiu do personagem, contou*

*em entrevista o ator Ricardo Macchi, um dos enganados, que o
acompanhava no voo: disse que ia resolver um probleminha "e já
voltava". Marcelo está preso em Cuiabá desde então, e não poderia haver melhor lugar para ele do que a cadeia. A despeito das
várias teorias de caráter psiquiátrico que sua habilidade mimética
já ensejou, ele é, mais do que um mentiroso compulsivo, um bandi-
do contumaz: seus golpes lhe proporcionavam grande prazer, mas
todos foram planejados com o objetivo concreto do lucro em vista.*

Em entrevista à autora Mariana Caltabiano, Marcelo contou
como foi o primeiro dia da farsa no camarote:

> *Eu cheguei lá e ninguém olhava para mim. Depois que sou-
> beram que eu era dono da Gol, Nossa Senhora... O Amaury... O
> Amaury Junior. Então, quando eu entrei nesse camarote, o Amaury
> Junior já estava lá. Eu passei por ele e falei: "Tudo bem, Amaury?"
> Mas ele nem olhou para mim, nem olhou, não dirigiu nem um olhar.
> Se eu não me engano, deu até uma bufada. E aí, eu fui para lá,
> peguei um uísque com (o energético) Flying Horse, e voltei. Quando
> voltei, vi a assessora dele falando para ele: "Esse é o dono da Gol".
> Aí, ele veio: "Ô, meu amigooooo, como é que você está? Me desculpa,
> eu não tinha te reconhecido, é que é muita gente."*

No documentário, Amaury se defendeu:

> *O caso do Marcelo as pessoas costumam me dizer que não foi
> a gafe do ano, mas foi a gafe de toda a minha carreira. Não é ver-
> dade, não foi uma gafe. Eu fui iludido por ele, como todos em Recife
> foram. Eu digo que Recife inteira foi enganada pelo gênio que é esse
> rapaz, o Marcelo. Ele era o rei da festa, o rei da cocada. Ele ficou*

comigo o tempo todo, demonstrando uma grande simpatia por mim,
dizendo inclusive que o pai dele, o Constantino, queria marcar um
almoço comigo na semana subsequente em São Paulo, porque teria
o maior interesse em patrocinar o meu programa. Aí ligou: "Pai,
vamos almoçar com o Amaury na quinta-feira no, onde foi aquilo?
No Fasano. Tá marcado, Amaury? Você pode uma e meia da tarde?
Tudo bem. Tá marcado. Uma e meia." E ele falando com ninguém.
Com ninguém ele tava falando. Ele era um ator também.

A convivência entre o farsante e o colunista não terminou por aí. Pelo contrário: onde Amaury estava, lá estava Marcelo também, sempre passando pelo herdeiro jovem e dinâmico de uma das empresas que então mais cresciam no país. O próprio Amaury relembra, no documentário:

Ele sempre estava conosco. No dia seguinte ao camarote e
à entrevista, tinha um almoço marcado para convidados no Nan-
nai [resort de luxo em Porto de Galinhas, em Pernambuco]. Falei:
"Então, amanhã nos vemos no Nannai?" Ele respondeu: "Você vai
com a gente de helicóptero." E assim fomos. Sentei na frente e atrás
estavam Celina e meus dois filhos. Ele falava na viagem, contou da
empresa, disse que o pai mandou um abraço para mim. Deu uma
rasante no helicóptero. Todo mundo: "Úúúú."

Ao chegar ao resort, mais uma entrevista:
Amaury: Olha, o Henrique, nesta viagem estou aprendendo a admirar cada vez mais o Henrique, que é um dos diretores do grupo Aurea, um dos donos da Gol, que é uma companhia aérea que está fazendo bonito nos céus brasileiros pela sua atuação. Mas todo mundo sabe que a família do Henrique, a origem da família é transporte de ônibus e eles

têm uma das maiores frotas da América Latina. Você nem sabe quantos ônibus o seu pai tem?

"Henrique": Não, não sabemos ainda, temos um número aproximado.

Amaury: Mas tem uma coisa que vocês falaram que vão fazer, a revista *Veja* inclusive publicou, e eu quero estar presente nela, que é uma espécie de bravata, que é o seguinte: eles disseram que se enfileirar todos os ônibus, todas as unidades das diversas companhias que integram o grupo Aurea, os ônibus vão cobrir uma distância que vai de Uberaba a...

"Henrique": São Paulo.

Amaury: Não é possível.

"Henrique": Eu também acho que não, também acho que não.

Amaury: Quem fez essa bravata na companhia?

"Henrique": Não, nem foi na companhia. Foi um comentário da imprensa, e um comentário até dos nossos concorrentes, que falaram "Pô, não tem como concorrer com eles, porque se eles enfileirarem os ônibus, eles vão de Uberaba a São Paulo". E isso despertou uma curiosidade realmente de enfileirar todos os nossos ônibus para ver até onde chegaremos.

Amaury: É verdade que vocês já conversaram até com a Policia Federal para ver se há viabilidade de fazer essa promoção?

"Henrique": Estamos em conversação com eles, bem adiantada até. Acredito que, num breve espaço de tempo, vamos conseguir. Estamos tendo toda a cooperação porque realmente vai ser uma operação gigantesca.

Amaury prossegue:

"Depois dessa entrevista, ainda falei para as meninas da minha equipe: 'Ó, vocês aí namorando essas porcarias. Estão vendo esse partidão? Puta menino de ouro, partidão.'

A Gol era uma das patrocinadoras do evento e tinha acesso a tudo. E a verdade é que eu queria a Gol como uma futura patrocinadora do meu programa. Pensei: 'Vou faturar, ele está apaixonado por mim.' Acho que ele tinha um fascínio pelo gênero do meu programa e achou, quando ele voltasse ao Rio de Janeiro, que ia sentar na poltrona dele e ia se ver na entrevista comigo e certamente morreria de rir com tudo o que ele tinha feito.

Ele falava: 'A Gol está crescendo. Vamos conversar em São Paulo com o maior prazer'. Ele estava nesse clima todo. Tudo foi em dois dias. À noite, estavam saindo voos fretados da Gol para o Rio e São Paulo. Eu estava num outro voo e queria antecipar a viagem por causa de um compromisso. Fui falar com ele: 'Você não me arruma as passagens? Tenho um compromisso.' Ele respondeu: 'Cara, deixa que eu dou meu jatinho para te levar.' Sabe quando minha ficha começou a cair? Quando, no dia seguinte, ele foi buscar a mim e minha família no hotel. O jato estava marcado para as sete da manhã. Antes, ele estava no hotel. Pensei: 'Alguma coisa está errada. Ele não ia levantar às cinco da manhã.' Chegamos no hangar, estava tudo pronto, ele ainda falou para equipe que ia pilotar: 'Cadê os lanches?' E falou para mim: 'Vai dar certo, te vejo em São Paulo.' Quando chegamos, ele já tinha sido preso no Rio.

Na mesma hora eu pensei na minha família, e principalmente naquele passeio de helicóptero pilotado por ele. Se ele fosse um psicopata, era só derrubar no mar. E ele falava na viagem, contando da empresa e conversando, que o pai mandou um abraço para mim. Deu uma rasante no helicóptero. Sabia que ele tava chegando. Quando penso que coloquei meus filhos naquela aeronave..."

12 AS MULHERES DOS **PODEROSOS**

O CARRO DE DONA DULCE FIGUEIREDO

Em 1978, depois que o então presidente Ernesto Geisel indicou o general João Baptista Figueiredo, do Serviço Nacional de Informações, para ser seu sucessor, o governo iniciou uma campanha para popularizar a imagem do chefe do SNI, chamando-o de "João do Povo". Quanto engano! A ideia fracassou por uma derrapada violenta. Ao conceder uma entrevista sobre seu grande apreço pelos cavalos, um repórter perguntou se o futuro presidente gostava do "cheiro do povo". Figueiredo respondeu: "O cheirinho do cavalo é melhor [que o do povo]."

Esposa do general Figueiredo, último presidente do regime militar, Dona Dulce era louca por festa. Era o lançamento mundial do Ford Escort. No Brasil, os responsáveis pela divulgação reservaram o Gallery para as comemorações. Criado pelo empresário Victor Oliva, o Gallery era então conhecido como a mais badalada casa noturna dos chiques e poderosos do país. Foi ali que Dulce e Amaury se esbarraram:

"A inexperiência no início de minha carreira quase me faz adernar. Não posso esquecer de como fui usado para induzir Dona Dulce Figueiredo — então primeira-dama — a fazer o papel de garota-propaganda. Havia um clima de competição entre as agências do mundo todo sobre quem se sairia melhor promocionalmente com o lançamento que a Ford fazia com seu carro Escort. A campanha em São Paulo previa estacionar os modelos Escort em frente aos *nightclubs* mais importantes para que os veículos fossem admirados. Uma foto da primeira-dama junto a um dos carros seria o máximo. Foi quando entrei na história.

A noite era no Gallery e, por coincidência, Dona Dulce estava lá. Sempre que o presidente Figueiredo visitava São Paulo, sua mulher, amante da dança, formava uma grande mesa em frente à vitrina da casa, onde Victor Oliva providenciava todas as firulas. O pessoal da Ford nem podia acreditar na presença dela, eles estavam agitados para armar uma estratégia rápida para uma foto, ficaram enlouquecidos porque a competição poderia ser ganha naquele acaso. O publicitário Marcus Vinicius Garreta me procurou: 'Amaury, se você conseguir que a Dona Dulce pose para os fotógrafos ao lado do Escort, eu estou autorizado pelo presidente da Ford, Robert Merrick, e pelo César Ladeira Filho, da agência publicitária, a dar um carro para você; qualquer um desses que estão na porta.'

Enlouqueci de vez. Seria perfeito para equilibrar o orçamento. Liguei para a Celina. Não acreditava na proposta que fizeram. Um carro por um lobby? Mas como conseguir? Dizer o quê? Como abordar a Dona Dulce? Antes que a cabeça explodisse de tanto tramar, um raio coriscou entre as luzes gallerianas para a solução. Voltei aos homens e aumentei para dois carros o valor da empreitada. Eles me olharam assustados, me acharam ganancioso. 'Guloso, hein?', tive de ouvir. 'Darei um para uma entidade', respondi. Mas a ganância deles era maior que a minha. Eles vislumbraram a possibilidade de levar a taça da competição mundial entre os marqueteiros e concordaram.

Era, enfim, preciso fazer Dona Dulce se levantar, atravessar todo o salão, posar para os fotógrafos — e bem ao lado do Escort. Com uma dificuldade: ela raramente levantava e atravessava o salão.

Victor Oliva levou-me à mesa presidencial. Já conhecia Dona Dulce e o presidente por intermédio do casal Yemna e George Gazale, seus melhores amigos em São Paulo, que sempre me recomendaram como jornalista — tanto que, tempos depois, na televisão, Figueiredo concedeu-me uma entrevista de grande repercussão, quebrando seu silêncio na linha 'quero que me esqueçam'. Propus: 'Dona Dulce, a senhora gostaria de ganhar um Escort, esse novo carro que, por coincidência, está sendo lançado hoje aqui? A senhora poderia doá-lo à LBA [Legião Brasileira de Assistência, órgão assistencial público brasileiro].'

Estava feito, e bem-feito. Ela abriu um largo sorriso de concordância e me beijou. Contei que a Ford estava presente e disse que gostaria de apresentá-la ao presidente da empresa, que a chave seria entregue no ato. Só era preciso — ai, Jesus — que ela fosse até a porta.

Foi o que aconteceu. Depois de apresentá-la, e após alguns minutos de conversa, levei-a até a entrada. O pessoal da Ford não acreditava no que estava vendo. Ao chegar, ela recebeu as chaves sob o espocar dos flashes. Não foi preciso muito esforço: espontaneamente, Dona Dulce sentou-se ao volante e sorriu para as lentes das câmeras. Melhor, impossível. A LBA tinha ganhado o carro, a Ford conseguira sua estrela.

Dormi sob o efeito da felicidade de ganhar um carro. E cadê o carro? Até hoje não tenho notícia. No dia seguinte, depois do porre das comemorações, todos desconversaram. Marcus Vinícius Garreta, meu amigo e testemunha, ficou envergonhado. Como? Não se lembravam. Lembravam, sim, de um carro, não de dois. A noite estava barulhenta, não entenderam bem meu pedido. Enrolaram-me o quanto puderam. Cagaram para mim. Botei a boca no trombone. Em uma participação na rádio, contei rapidamente a história e falei: 'Eu quero meu carro.'

Aí lembrei o que Ricardo Amaral costuma dizer: 'Se os cartórios mantivessem plantões à noite, ninguém iria acreditar nas bravatas que se fazem sob efeitos etílicos.'

Juro que só não levei o assunto adiante porque outro raio coriscou sobre minha cabeça, o relâmpago da crise de consciência. Meu santo, São Judas Tadeu, espetou-me forte com sua lança: 'Hedonista, canalha. Esqueça esse carro, onde está o escrúpulo? Ela só foi fazer a foto por causa da LBA. Contente-se em ter sido o negociador dessa boa obra.'

Tive vergonha da minha alegria, arrependimento do porre, remorso do meu riso vitorioso por ter sido espertinho. A única bem-intencionada no episódio foi Dona Dulce, primeira-dama vaidosa, mas operosa. Eu recebi meu castigo e aprendi. Odeio qualquer festa que promete 'uma parte da renda para caridade'. 'Uma parte' quer dizer usar os necessitados em proveito próprio. Um horror."

AS FESTAS DE LILY MARINHO

Era preciso passar pela guarita muito vigiada por seguranças do número 1105 da rua Cosme Velho para entrar na residência de Roberto Marinho e sua esposa, Lily. Sem programas da Globo para cobrir os eventos que ocorriam em sua casa, Lily fazia questão de chamar um único colunista para seu recinto: Amaury.

"Fomos duas vezes à casa dela no Rio e mais uma vez num evento em Versalhes, perto de Paris. Ela era adorável. Simples e elegante. Seu grande sonho era restabelecer o francês nas escolas, era uma pretensão, por causa de suas origens. Ela me adorava. Nunca deixou de me convidar para suas festas, inclusive me levou a Paris. A Globo não tinha programa para mostrar as grandes festas e eventos do Brasil. Portanto, ela me ligava, com aquele sotaque francês, e dizia que queria a minha presença. Eu ia e fazia um programa inteiro dentro da casa dela. Em Paris, inclusive, usei câmera da Globo para gravar. Eu devia ter ido para a Globo. Devia ter pedido: 'Dona Lily, me põe na Globo'. Nunca pedi, nunca usei isso a meu favor. Por quê? Burro! Burro! Tudo bem, talvez deixasse a titularidade do meu programa, teria outro caminho. Ela nos recebia muito bem em sua casa, nos levava para ver os flamingos, paixão do Dr. Roberto."

Se no jardim projetado pelo paisagista Burle Marx os flamingos cor-de-rosa se espalhavam, no interior da casa era impressionante a quantidade de obras de arte. Integram o acervo de Roberto Marinho cerca de 1100 pinturas, gravuras, desenhos e esculturas de artistas brasileiros como José Pancetti, Candido Portinari, Di Cavalcanti, Tarsila do Amaral, Guignard, Djanira, Iberê Camargo, João Câmara, Antônio Bandeira, Carybé, Aldemir Martins, Raymundo de Castro Maya, Ismael Nery, Heitor dos Prazeres, Ariano Suassuna, Cícero Dias, Maria Martins, Bruno Giorgi, Tomie Ohtake (japonesa naturalizada brasileira), Manabu Mabe, Agnaldo dos Santos, entre outros. Afora os brasileiros, há 190 obras de estrangeiros como Rembrandt, Joan Miró, Fernand Léger, Giorgio de Chirico, Krajcberg, Jean Cocteau, Vittorio Gobbis, Maurice de Vlaminck, Filippo de Pisis, Jean Lurçat, Georges Mathieu, Marc Chagall, André Lhote, Maurice Utrillo e Paul Signac.

Roberto Marinho começou a colecionar quadros na década de 1930, de acordo com o site oficial de sua memória, e não recorria a marchands. Era amigo de pintores e adquiria as peças diretamente em ateliês. Frequentava vernissages, exposições e bienais, desenvolvendo o gosto refinado pela arte e pela cultura que o acompanhou a vida inteira.

"A casa era um charme, porque era tudo lindo e passava ao convidado uma imagem de que a festa era na sua casa, de tão à vontade que nos deixavam. Era uma coisa. Tinha vasos, flores por tudo que era lado. Era muito chique, porque era natural. Fora que Roberto Marinho era um *gentleman*, muito astuto, de fala mansa. Eu respeito os que falam manso. Na entrevista, ele me contou que todo dia ele acordava, pegava o jornal, e dizia: 'Bom dia, meu amor'", recorda Amaury.

Em seu livro, *Roberto & Lily*, publicado pela Record em 2004, um ano depois da morte do marido, Lily contou como era recebida diariamente por Marinho, e falou do dia em que recebeu a notícia do falecimento:

A quarta-feira, 6 de agosto, começou, no Cosme Velho, igual a todos os outros dias. Nada nessa manhã me fazia supor...

O dia estava bonito, talvez um pouco quente para o inverno, entretanto nada de extraordinário. A grande casa tinha acordado, como de hábito, por volta das sete horas. Pedimos que trouxessem para nosso quarto a última edição de O Globo, bem como os principais jornais do Rio e dos outros estados do Brasil. A mesma rotina agradável prosseguia, o que me permitia, havia catorze anos, tomar o café da manhã com Roberto, perguntar-lhe como havia passado a noite, gracejar com as cicatrizes decorrentes de uma lastimável queda, um ano antes, que como consequência deixara ainda mais frágil sua perna direita. Ele estava bem. Eu, longe de imaginar que, algumas horas mais tarde, às 13h20, para ser mais exata, mergulharia num pesadelo. No final do dia, o ter-

rível desfecho anunciado por um cirurgião de expressão triste e voz entrecortada: "Madame, seja forte, seu marido faleceu."

Foi assim que, numa sala de cirurgia de um hospital localizado na Zona Sul do Rio, chegava ao fim a fabulosa existência de um brasileiro fora do comum, a quem o país inteiro renderia uma excepcional e comovente homenagem nos dias que se seguiram.

Cosme Velho,

3 de dezembro de 2003,

9 horas da manhã.

Roberto faria hoje 99 anos. Nesta quarta-feira de verão, nos reuniríamos à noite, com sua família e seus amigos, para festejar a entrada de seu centenário, mas Deus não quis assim!

Desde 6 de agosto, dia de seu falecimento, a profunda tristeza e a dor que tomaram conta de mim jamais me abandonaram. Consegui apenas apaziguá-las um pouco, para evitar que não me impedissem de viver de sua lembrança, de manter viva sua lembrança.

Durante mais de catorze anos fui uma mulher feliz, apaixonada, plenamente satisfeita. Havia esquecido que Roberto, no dia do casamento, não era mais um homem jovem. Além disso, ele não dizia nunca "quando eu morrer", e sim "se um dia eu morrer".

*

Em junho de 2005, um dos mais luxuosos salões do Palácio de Versalhes, o castelo em que a monarquia francesa viveu seu ápice, foi aberto para mais de duzentos convidados, entre franceses e brasileiros, num jantar de gala em comemoração ao Ano na França. A anfitriã era Lily Marinho. Um mês antes, as colunas sociais já noticiavam que, das 66 mesas disponíveis no evento, apenas oito, com dez lugares, restavam. Uma mesa custava 21 mil reais. A coluna de Mônica Bergamo, do jornal *Folha de S. Paulo*, deu detalhes do evento:

A primeira-dama, Marisa Letícia da Silva, chegou a confirmar presença. Mas depois cancelou, ao saber que Bernadette Chirac, primeira-dama da França, não iria mais à Noite de Gala beneficente promovida por Lily Marinho no Castelo de Versalhes, nos arredores de Paris (a assessoria dela faz questão de dizer que não foi a crise política que impediu Marisa de ir à festa).

Depois do brinde, Lily convidou todos a se dirigir à Ópera Real do castelo, onde foi apresentado um concerto com o violoncelista Antonio Meneses, considerado o melhor instrumentista de cordas já surgido no Brasil, a pianista Rosana Lanzelotte e a soprano Marília Vargas. Foi uma concessão especialíssima a Lily, explicava Jean Gautier, que por sete anos foi o responsável pelo setor cultural de Paris. "Em todo esse tempo, eu nunca tinha vindo a um concerto na Ópera Real", dizia ele.

Era só a primeira atração da noite. Depois do concerto, todos foram convidados a fazer um passeio pelos aposentos da antiga realeza francesa. E a cama da rainha? Foi uma das principais atrações do tour. "É boa porque fica bem longe do rei!", brincou Milú Villela, do MAM-SP e do Itaú. "Milú, Milú", riu Ana Eliza Setubal, mulher de Paulo Setubal, também do grupo Itaú. "A rainha tinha muitos *mistress* [amantes]", explicou a elas um convidado francês. Foi dessa cama que a rainha Maria Antonieta escapou da multidão de parisienses que invadiu o palácio à sua procura, em 1789, como explicava um texto ao lado do nobre móvel.

"Tô boquiaberta! Tinha que ter a revolução [francesa] mesmo!", dizia a primeira-dama de Goiás, Valéria Perillo. Num vestido de Fause Haten, ela explicava que mandou fazer a roupa só para ir a Versalhes. O governador Marconi Perillo (PSDB-GO) vinha logo atrás, conversando com o senador Tasso Jereissati, que acabara de falar pelo celular com o Brasil e tinha notícias fresquinhas sobre o depoimento do deputado Roberto Jefferson no Congresso, marcado para o dia seguinte ao jantar.

"Eu, no lugar do [presidente] Lula, demitiria todos os ministros", dizia Perillo, o primeiro a confirmar as denúncias sobre o "mensalão" feitas por Jefferson à Folha. "Todo mundo sabia dessa história de 'mensalão'", dizia Tasso. Num Valentino vermelho, a socialite Narcisa Tamborindeguy, gravador na mão, queria saber mais — ela tem uma coluna num jornal carioca chamada "Ai, que loucura!": "E essa história aí de mensalão, hein, senador?", perguntou a Tasso. "Para mim, 'mensalão' é o que o marido faz com a mulher: transa uma vez por mês e diz: 'Pronto, já fiz meu mensalão.'" E Tasso, ruborizado: 'Com a mulher, é?' 'É, uma vez por mês. Uma loucura!', detalhou Narcisa.

Depois do passeio, os convidados de Lily foram para a Galeria das Batalhas, onde seria servido o jantar. No salão, com paredes forradas por quadros que retratam as grandes batalhas da França, garçons ofereciam champanhe e suco "de uma fruta exótica": maracujá.

A princesa Beauvau Craon falou sobre as brasileiras célebres em Paris: Bethy Lagardère, viúva do bilionário francês Jean-Luc Lagardère; Lily Safra, que, segundo ela, comprou, junto com a Tate Gallery, uma instalação de Bill Viola e doou ao Centro Pompidou, de Paris; e a baronesa Silvia Amélia de Waldner — esta preocupada em fazer doações ao Brasil. Elegante num Dior, ela contava que recentemente havia doado 150 mil reais, "tudo para orfanatos do Brasil".

A decoração, assinada por Yves Taralon, era "brasileira", com bananas, carambolas e urucuns enfeitando mesas forradas por toalhas verdes, amarelas e roxas. Para a iluminação, candelabros de cristal Saint-Louis. Eram duas as mesas principais: a de Lily e a em que estavam, entre outros, o embaixador Sérgio Amaral, Jereissati e o escritor Paulo Coelho, que foi colocado ao lado da "princesse Beau-vau Craon", a princesa que preside a Sotheby's francesa.

O escritor estava chateado com a acusação de plágio que uma escritora colombiana estava fazendo a ele. "É muito chato isso", dizia. "Ainda não sei se vou processar, se vou responder..." Coelho estava morando numa cidadezinha francesa "com duzentos habitantes". Sua fixação, no momento, era encontrar um original de Oscar Wilde em algum antiquário do mundo.

*

Paulo Coelho estava sentado na mesa ao lado de Amaury e Celina. Era proibido fumar no salão em que ambos estavam. Num momento depois do jantar, Amaury se levantou e foi até a mesa de Coelho e sua mulher, Christina Oiticica:

— Vamos fumar?

Coelho topou na mesma hora. Andaram por aqui e por ali na ala aberta para o evento de Lily. Um janelão estava semiaberto, ambos chegaram perto da cama de Luís XVI:

— Não tem ninguém. Foda-se. Vamos fumar aqui mesmo.

"Sentamos na cama do cara e demos muita risada. E assim foi minha transgressão máxima com Paulo Coelho, sugerida por ele", conta Amaury.

ESSE É AMAURY JUNIOR:

"Conheci o Amaury nos anos 1970. Eu morava em Paris e escrevia para o jornal paulista *Diário Popular*, onde ele tinha uma coluna social. De vez em quando, o Amaury telefonava para saber se eu tinha alguma notícia na área internacional que interessasse a ele. A primeira vez que eu ouvi a palavra *gossip*, fofoca em inglês, foi da boca dele. Sempre trabalhando muito, sempre obcecado pela notícia, mas sem perder aquele jeito afável e educado, sua marca registrada. Nos anos 1980, ele foi para televisão e criou o seu programa, que já é referência no jornalismo televisivo. Neste seu espaço, em 35 anos, passaram centenas de personalidades nacionais e internacionais, sempre entrevistadas com charme e bom humor, outras das características da sua gentil personalidade. Muitas vezes, ele conseguiu 'furos', de dar inveja a qualquer jornalista e, mesmo tendo se transformado numa personalidade, nunca mudou, continua aquele mesmo menino que saiu de São José do Rio Preto para conquistar o Brasil."

Roberto D'Ávila, jornalista

13 SÃO PAULO
É O LUGAR

São Paulo tinha 31.385 habitantes em 1872, quando foi realizado o primeiro censo nacional. Ficava atrás não só do Rio de Janeiro, de Salvador e Recife, cidades já nascidas com vocação de centros importantes, mas também de Belém, Niterói, Porto Alegre, Fortaleza e Cuiabá. São Paulo era a prima pobre, a enjeitada, a excluída — capital distante e roceira de uma província que passara os três primeiros séculos e meio de vida imersa no sono das coisas que ainda não aconteceram. Os registros feitos mais ou menos por essa época pelo primeiro fotógrafo da cidade, o carioca Militão Augusto de Azevedo, revelam um vilarejo de casebres mal-ajambrados, ruas de terra batida, charcos, raras pessoas na rua, animais dormitando pelas esquinas. E isso foi ontem em termos históricos. Em 1952, ano em que completou quatrocentos anos, tornou-se a maior cidade brasileira.

Trecho de *A Capital da Vertigem*, de Roberto Pompeu de Toledo.

— Você renuncia assim ao sonho de tantos anos?

— Já estou até pensando num novo sonho. E vou lutar por ele assim como lutei aqui!

Amaury Junior chegou a São Paulo em 1978, pelas mãos do amigo e jornalista José Hamilton Ribeiro. Deixou para trás, em São José do Rio Preto, uma casa grande com quatro suítes que havia comprado logo após o casamento, um escritório onde despachava seus negócios, um carro e a fama de vice-rei de Rio Preto, onde todas as portas de todos os lugares da cidade se abriam para ele. Com o jornal *Dia e Noite* falido, resolveu acatar a sugestão de Zé Hamilton. "Na minha cabeça, não tinha mais chance e espaço lá. Não poderia voltar com uma coluna no jornal, porque os caras acharam que eu havia traído a confiança ao montar meu negócio. Quando você coloca a cabeça para fora, não faltam pés para pisar em você."

No ano de 1978, houve fatos importantes e curiosos na área cultural no Brasil. A bossa-nova comemorava seus vinte anos, considerando como seu marco inicial o lançamento de *Chega de Saudade*, de João Gilberto. Pela primeira vez, como lembra o historiador Paulo Cesar de Araújo no livro *O Réu e o Rei*, Roberto Carlos foi tema de capa de *Veja*, já consolidada como a revista mais lida do país.

> *A brasa ainda mora. Com quase vinte anos de carreira, Roberto Carlos vence até a lei da gravidade: em seus shows e discos ainda é um astro que sobe.*

A reportagem acompanhou inclusive um show no Canecão, no Rio de Janeiro:

> *Na plateia, a maioria das pessoas tinha entre catorze e dezoito anos, lado a lado com senhores e senhoras da idade do astro (...). No camarim, anônimas garotas esfarrapadas em seus jeans entravam em fila, ordeiramente, para cumprimentar o astro.*

A Rede Globo, já líder de audiência, estreava um de seus maiores sucessos no horário das 8 da noite, *Dancin' Days*, como lembra em *O livro do Boni* (Casa da Palavra), José Bonifácio de Oliveira Sobrinho, o Boni, que nesse período era então o todo-poderoso da emissora:

> *Estávamos trabalhando em uma proposta da Janete Clair chamada A Prisioneira, que seria escrita pelo Gilberto Braga e teria um restaurante de luxo como um dos principais ambientes. O filme Saturday Night Fever havia sido lançado em Nova York e decidimos que uma discoteca entraria no lugar do restaurante. Naquele momento, começava a fazer sucesso no Rio o grupo As Frenéticas, criado pelo Nelson Motta, que montou um disco club chamado Frenetic Dancing Days. O Daniel [Filho, diretor-geral de dramaturgia da Globo] me procurou para pensarmos em algum nome que lembrasse esse título, mas em português, temendo que o grande público rejeitasse o uso de um idioma estrangeiro. Sugeri que fosse em inglês mesmo, apenas reduzindo a palavra dancing — pois poderia ser pronunciada erradamente como "dancingui" —, e ficou Dancin' Days. As roupas criadas por Marília Carneiro e as meias coloridas de Sônia Braga viraram coqueluche na época.*

A essa altura, a TV Tupi de São Paulo estava em apuros. Embora tivesse lançado grandes sucessos na década de 1970, como as novelas *Mulheres de Areia* (1973) e *A Viagem* (1975), a concorrência aumentava com o crescimento avassalador da Globo. A publicidade migrava para outras emissoras e, em 1977, com salários atrasados, os funcionários iniciaram uma greve, interrompida com o pagamento parcelado dos débitos. Para piorar a situação, em outubro de 1978 um incêndio nas instalações da emissora tirou o canal do ar por alguns minutos e destruiu equipamentos recém-adquiridos.

Se a Tupi enfrentava problemas financeiros, a Globo aumentava o seu caixa, mas tinha de lutar contra a censura em seu principal telejornal. No início dos anos 1970, o *Jornal Nacional* contava com 150 profissionais, entre editores, cinegrafistas e repórteres, que chegavam à redação às 6 horas da manhã para a primeira reunião de pauta, sob a liderança sempre exemplar da editora-chefe Alice-Maria. Às 7 da noite, todas as matérias estavam editadas para o jornal que entraria no ar 45 minutos depois. Mas, enquanto a audiência aumentava, os olhos dos militares cresciam. Reportagens sobre a missa de sétimo dia do ex-presidente João Goulart, a denúncia de acordos militares entre Brasil e Estados Unidos e o afastamento do general Silvio Frota do Ministério do Exército foram vetadas. O apresentador Sérgio Chapelin entrou na mira dos censores ao ler a notícia da morte de guerrilheiros na América Latina. Gripado, o locutor pigarreou. O Serviço Nacional de Informação foi tirar satisfação com Armando Nogueira, então diretor de jornalismo, porque acreditava-se que Chapelin estava emocionado e solidário com os guerrilheiros. O pior veio em 1977, quando Alice-Maria, já diretora executiva de jornalismo da Globo, e Luís Edgar de Andrade, chefe de redação do *JN*, foram acusados de pertencer ao PCB (Partido Comunista Brasileiro) e chamados a depor no temidíssimo DOPS (Departamento de Ordem Política e Social), em cujos porões dezenas de "subversivos" foram torturados. Na ocasião, Alice-Maria e Luís Edgar foram acompanhados do dono da emissora, Roberto Marinho. Melhor garantia não podia haver.

A Tupi, a televisão do empresário Assis Chateaubriand, estava instalada na avenida Professor Alfonso Bovero, no bairro paulistano do Sumaré, e lá funcionavam seus estúdios. O publicitário Mauro Salles era o superintendente e o jornalista Sérgio de Souza dirigia o jornalismo. Zé Hamilton Ribeiro garantiu um emprego para ele e mais dois com uma ligação: "A Tupi estava com uma administração nova. Liguei para lá e consegui emprego para mim, para o Ivaci [Ivaci Matias, que trabalha hoje no Globo Rural, assim como Zé Hamilton] e para Amaury. Aquele momento, da falência do jornal *Dia e Noite*, era um momento de crise absoluta para Amaury. Um sonho que ele tinha sonhado e acalentado morreu. Era hora de ir para São Paulo. A vaga dele era para ser repórter geral. Eu não fui para a reportagem. Passei a ser diretor do programa *Pinga Fogo*."

A equipe de reportagem em que Amaury caiu na Tupi deu a largada a um estilo de telejornalismo que seria adotado em todas as emissoras. "Foi uma geração de jornalistas que foram para TV. O Zé me pediu: 'Que tal ir andando e falando enquanto olha para a câmera?'. Até então, noticiário era uma coisa muito formal, o apresentador lia seriamente no estúdio e entrava alguém para falar do assunto."

Amaury não tinha intimidade nenhuma com São Paulo, não conhecia nada. A primeira cobertura que lhe foi encomendada pelo chefe de redação Gabriel Romeiro: ir até o Buraco do Ademar, que estava alagado. "Buraco do Ademar? Deixa comigo!", disse o recém--contratado. Fez cara de entendido, foi para o carro e perguntou ao motorista: "Que porra de buraco do Ademar é isso?." Descobriu sua primeira curiosidade paulistana: "Buraco do Ademar" era o nome popular da passagem subterrânea no Vale do Anhangabaú, assim chamada pelos moradores da cidade porque a obra, feita na administração do prefeito Ademar de Barros, alagava até com garoa.

Nesse meio-tempo, ainda em Rio Preto, Celina organizava a mudança para a capital. O destino era uma quitinete na rua Maria Antônia, no bairro da Consolação, em São Paulo, que o marido tinha comprado na época em que fazia os cinejornais. Caixas fechadas, ida à imobiliária para pôr à venda a ampla casa de Rio Preto, tudo feito. No dia da partida, às sete da noite, pouco antes de o sogro passar na casa para lhe dar uma carona até São Paulo, toca o telefone:

— Estou sabendo que vocês vão sair de Rio Preto e sei que vocês têm uma casa muito boa. Posso dar uma olhada?

— Se você vier já, eu espero — respondeu Celina.

Em alguns minutos, o homem estava na porta. Olhou os quartos, o jardim, a cozinha.

— É a casa que eu quero. Minha empresa vem para cá, tenho três filhos e devo ficar dois anos aqui. Você só quer vender, não topa alugar?

— Bem, a ideia inicial era vender essa casa, mas deixa eu conversar com meu marido.

O homem interrompeu:

— Espera. Você vai morar em São Paulo, correto? Não quer ficar com meu apartamento lá e eu fico com a sua casa? Você vai gostar muito do apartamento. Veja se você gosta e vamos fazer essa troca.

No dia seguinte, o casal Amaury e Celina estava no número 326 da tranquila rua Guarará, no bairro do Jardim Paulista. Estacionaram em frente ao edifício Três Meninas. O prédio era alto, com apartamentos sem sacada e apenas uma janela dando para a frente da rua. Embora a localização seja valiosa até hoje, a arquitetura não era bonita. Valoriza mais o concreto do que qualquer outra coisa. Mesmo assim, Amaury e Celina se encantaram. "Era o tamanho da minha casa. Fiquei doida, porque cabiam todas as minhas coisas. Tudo o que demorei dois anos para arrumar agora tinha espaço, como os brinquedos das crianças, o escritório do Amaury. Na quitinete, teria de abandonar tudo."

Ligaram, então, na mesma hora, para fechar negócio. O apartamento no Três Meninas seria deles por dois anos, enquanto a casa de Rio Preto estaria sob os domínios do empresário vindo da capital. Tudo de acordo. "Sentei com a mulher dele para combinar: 'Ó, vou deixar as cortinas', e ela dizia que deixaria toda a cozinha. Fizemos uma jogada, de trocar o que fosse possível. Combinamos no mesmo dia de faxinar os apartamentos e deixar tudo em ordem."

Primeira coincidência dessa história: sem combinar data e horário para dia da mudança, os dois caminhões — um saindo de Rio Preto e o outro de São Paulo — se cruzaram na estrada.

Segunda coincidência: muitos anos depois, Amaury contou a história inesperada da troca de apartamentos para o casal de amigos Victor e Guil Abud. Ao falar da rua onde tinha morado pela primeira vez na capital, foi interrompido por Victor:

— Você morou na Guarará? Eu construí um prédio nessa rua. Chama-se Três Meninas. As três meninas são a Guil e as minhas duas irmãs.

Amaury demorou a acreditar. "Tem certas coisas que se entrelaçam nessa vida. Sei lá se é *maktub* [palavra árabe que significa destino, aquilo que já está escrito ou o que tem que acontecer]. Por que esse casal apareceu? Como foi possível fazermos a troca de casas? Por que fiquei tão amigo do Victor? Depois de um tempo você vê que as coisas se conectam sem você saber."

QUEM NÃO APARECE NÃO FAZ SUCESSO

Ao trabalhar como funcionário de uma importante emissora de TV, Amaury constatou o que seria um ponto-chave na sua trajetória: para fazer sucesso em televisão, era preciso ser protagonista. "Não adianta. Tem de ser o principal para ter destaque e dinheiro em TV. Tem gente da minha época, muitos bons profissionais, que estão lá parados, patinando, não fazem *business*, não ganham dinheiro. Foi o meu dilema quando o Boni, então diretor-geral da Globo, tentou me levar, anos depois, para ser repórter do *Fantástico*. Até havia uma promessa de eu comandar um late show na Globo, mas pensei muito e não quis perder a titularidade do meu programa na Band."

Amaury tinha feito coisas interessantes na Tupi desde aquela cobertura da enchente no Buraco do Ademar. Fez matérias de comportamento e cobriu o Carnaval com o estilista Clodovil e o dramaturgo Plínio Marcos. Mas ali começou a desenvolver um projeto de programa televisivo baseado nas colunas sociais que fazia no interior. "Era minha obsessão." Queria sair do jornalismo para o artístico. Seu sonho de vida nunca foi ser um apresentador de televisão. As coisas aconteceram. Seu sonho era voltar a fazer barulho, a ser popular, a ganhar dinheiro. Em resumo: voltar a fazer o trabalho de Rio Preto na maior cidade do país e num veículo eletrônico, mostrando imagens em vez de publicar textos.

Em 16 de julho de 1980, a concessão da TV Tupi de São Paulo foi cassada pelo governo.

Amaury e toda a equipe de jornalistas e técnicos estavam na rua. Recorreram ao Sindicato dos Jornalistas de São Paulo, presidido por Aldálio Dantas — conhecido pelo prêmio que recebeu da ONU com uma série de reportagens sobre o Nordeste brasileiro, publicada na revista *Realidade*, e por ter presidido o sindicato no mesmo período do assassinato do jornalista Vladimir Herzog pela ditadura militar. Aldálio veio com a bomba: a empresa não tinha dinheiro para os funcionários. "O Guga de Oliveira, irmão do Boni e diretor artístico da Tupi, teve um gesto digno: ele pagou do bolso dele os poucos profissionais que estavam ali."

O sindicato, naquele período, era um balcão de empregos e oportunidades para jornalistas. Quem precisava de um trabalho aparecia ali para ver o que o mercado estava oferecendo. Naquele dia, Amaury soube que havia uma redação precisando de um repórter. Foi até o escritório, na avenida Brigadeiro Luís Antônio, se apresentar a Jácomo Antônio La Selva, da família da rede de livrarias Laselva e dono da editora Sublime. Antes de a Editora Abril trazer a *Playboy* para o país, a Sublime editava a *Fiesta*, uma revista com mulheres nuas em ensaios meio pornô, conhecida no mercado pelo baixo nível do *casting*. Jácomo recebeu Amaury cheio de empolgação: "Vamos começar?" A redação tinha ele e... ele. "Fiquei animadíssimo. Queria arrumar a revista. Chamei nomes para escrever textos de graça para levantar a qualidade. Zé Hamilton e (o cineasta) Anselmo Duarte toparam." A revista começou a responder positivamente. Houve um aumento nas vendas. Como retribuição, Jácomo ofereceu uma viagem para Amaury e família até Balneário Camboriú, no litoral catarinense. Nesse período, o rendimento familiar aumentou porque ele contratou uma tradutora para os textos de cinema que vinham da Itália: a mulher de Amaury, Celina.

"Mas tinha algo que me incomodava: a revista era uma bosta, com aquelas mulheres cheias de celulite. Comecei a pensar em trazer mulheres mais bonitas. Queria desengordurar a revista, e desengordurei." Aos poucos, as balconistas de lojas de departamentos deram lugar a loiras esculturais. Morenas lindas começaram a aparecer. Até que um dia Jácomo o chamou na sala. Amaury foi animado. Sentia que viria uma bela notícia:

— As vendas da *Fiesta* caíram. E muito. Olha, Amaury, você vai me desculpar, mas o público da *Fiesta* quer uma mulher ao alcance dele. Essas que você coloca na revista são um sonho inalcançável. Tem de colocar uma xoxota com floresta amazônica. O público está acostumado com isso. Não invente.

Amaury desanimou. Nessa hora, recorreu ao bom e velho amigo Zé Hamilton, que acabara de ingressar no time da *Status*, revista masculina lançada em 1974 pela Editora Três, de Domingo Alzugaray. A *Status* estava em seu auge com a publicação de ensaios nus de mulheres famosas e desejadas do momento, como Sônia Braga, Sandra Bréa, Fafá de Belém, Bruna Lombardi e Vera Fischer. Zé indicou o amigo ao editor Gilberto Mansur:

— Tem um cara legal que quer vir para cá.

Mansur aceitou, e Amaury passou a fazer na revista o trabalho no qual se iniciara: tinha novamente uma coluna social, embora mensal. "Foi bom. Ia para a noite, conhecia gente, ligava, me apresentava. Fiz alguns bons perfis, mas não me dava dinheiro."

Meses depois, Amaury foi indicado por Aldálio Dantas, do Sindicato dos Jornalistas, para trabalhar no *Diário Popular*, fundado em 1884 e comprado pelo empresário J. Hawilla em 2009. Obcecado com a ideia de voltar com uma coluna social diária, ele ouviu da direção do jornal uma resposta negativa. Não havia espaço para o tipo de jornalismo que Amaury gostaria de fazer. Mas aceitaram o recebimento de colunas-teste com notas dos eventos que ocorriam na cidade. "Eu fiquei mais de um mês fazendo coluna sem publicar. Batalhava por furo, quase não dormia para cobrir festas e entregar aos donos uma página que eu tinha quase certeza que ninguém lia e apreciava."

Num fim de semana, no edifício Três Meninas, o casal Amaury e Celina recebeu uma ligação:

— Amaury, a sua coluna vai ser publicada a partir de amanhã.

No domingo, dia seguinte à ligação, Amaury estava eufórico. Olhou pela janela para ver se o jornaleiro tinha aberto a banca. Desceu correndo. Comprou o jornal. Abriu direto na coluna *Gentíssima*, com a sua assinatura. Estava bonita, colorida, bem paginada, com fotos vibrantes. Na calçada da rua Guarará, gritou para quem quisesse ouvir:

— Com essa coluna na mão, eu arrebento essa cidade!

A VOLTA DO REI DA NOITE

A promessa daquela manhã de domingo havia sido cumprida. Amaury voltava aos áureos tempos de Rio Preto, quando andava pela cidade como uma celebridade, paparicado por todos à sua volta. Em

São Paulo, passou a frequentar festas e eventos fechados. "Você não tem noção de como me lancei na noite. Ali, fiquei amigo do Ricardo Amaral e de todos os colunistas e donos da noite paulista."

Com a titularidade de uma coluna social diária em São Paulo, Amaury abriu um negócio que o sustenta até os dias de hoje. Com dois amigos, entre eles o companheiro de infância Roney Signorini, abriu uma assessoria de imprensa, especialidade que nesse tempo era pouco conhecida e pouco usada no Brasil. A primeira notícia que se tem da atividade aqui é de 1909, quando o presidente Nilo Peçanha criou a "secção de publicações e biblioteca do Ministério da Agricultura" com o objetivo de propagar informações à imprensa sobre o setor, através de notas e notícias. Nas décadas posteriores, a atividade não se popularizou.

Numa casa da Alameda Ministro Rocha Azevedo, emprestada por um senador conhecido em Rio Preto (que nunca quis cobrar aluguel de Amaury), nasceu a CallMe Comunicações LTDA. Hoje, a produtora controla os negócios de Amaury, da produção dos programas de TV aos trabalhos por fora, como palestras e eventos. "No Brasil, era uma atividade muito incipiente. Chegava um cliente, você redigia um *press release* e mandava para todos os veículos de comunicação. A boa agência de comunicação é aquela que consegue publicar bem e oferecer ao cliente um *clipping* volumoso. Hoje, os clientes querem pagar por uma assessoria e ser capa da *Veja*. Mas tem uns truques para deixá-los satisfeitos: você pega vários jornais pequenos ou do interior, publica notas do cara, faz *clipping* dessas notas desimportantes e o dono vai achar legal, porque seu nome está estampado lá. Massageia o ego de quem pagou."

Uma coluna social diária e o escritório de assessoria não foram o bastante para satisfazê-lo. Ele queria expandir seu nome e seus negócios. Foi aí que resolveu aparecer no número 900 da Avenida Paulista, o coração de São Paulo, endereço da Fundação Cásper Líbero, dona da faculdade Cásper Líbero e da rádio e TV Gazeta. "Enchi tanto o saco deles que arrumei um programa às seis da tarde, no melhor horário do rádio, no auge do trânsito na cidade. Um programa sem notícia, só com música e entrevista. Pegava uma celebridade e entrevistava para a rádio."

Nos corredores da Gazeta, voltou com a mesma ideia dos tempos de Tupi: oferecer um programa de TV nos moldes de uma coluna social. Não havia esse tipo de iniciativa na programação das televisões. O único colunista que dava as caras na telinha era Ibrahim Sued, que fazia um quadro no *Fantástico*, da Globo, direto dos estúdios da emissora, no Rio de Janeiro. Amaury queria sair às ruas, cobrir as festas e mostrar em imagens aquilo que o público lia nos jornais.

Em 1984, o superintendente da Fundação era o advogado José Roberto Maluf. Formado em direito pela Universidade de São Paulo, Maluf começou a carreira como professor de direito civil na PUC. Pediu demissão e trabalhou no departamento jurídico da TV Band, emissora à qual voltaria como vice-presidente. Habilidoso com o meio de comunicação, foi promovido à direção da Band até ser chamado por Mauro Salles (ex-chefão da Tupi) para comandar todos os veículos da Fundação Cásper Líbero, como a faculdade de comunicação e a rádio e TV Gazeta. Anos depois, foi vice-presidente do SBT. Hoje comanda o Grupo Spring de Comunicação.

Com pouco tempo de casa e um programa no horário nobre da rádio Gazeta, Amaury tomou coragem e foi vender sua ideia à direção da emissora. Procurou Gilberto Araújo, então diretor-geral da TV. Gilberto prometeu falar com o superintendente. Uma tarde, aparece na sala de Maluf o diretor Gilberto Araújo:

— Maluf, tem um jornalista que escreve no *Diário Popular*, ele tem uma coluna diária, está conosco na rádio, e gostaria de fazer um programa de fim de noite na Gazeta.

— Hummm... Programa de quanto tempo?

— Não sei. Meia hora. Ele quer mostrar a noite de São Paulo.

— Tem alguma possibilidade de receita, seja a gente vendendo publicidade ou ele comprando o horário?

— Não. Ele quer fazer, mostrar para nós e acha que depois vai dar certo.

— Acho melhor não fazer. Não estou a fim de ter problema aqui na Gazeta.

— Mas ele quer te conhecer.

— Está bom. Traz ele aqui.

No dia combinado, Amaury Junior apareceu na sala de Maluf:

— Eu sou Amaury Junior. Fiz televisão em São José do Rio Preto, vim para São Paulo, escrevo no *Diário Popular* e gostaria de fazer um programa de fim de noite, entrando no ar à meia-noite e mostrando a noite de São Paulo.

— Então, qual é a receita?

— Receita a gente busca depois. Agora eu não tenho receita para trazer, mas eu acho que é altamente vendável, nunca ninguém fez isso.

— Desculpe, você quer fazer? Eu não tenho equipamento para emprestar para você fazer.

— Eu arrumo!

— Onde?

— Eu tenho uma pessoa que pode emprestar uma câmera. Só vou precisar editar o programa aqui.

— Hummmm... Tá bom. Vamos tentar. Só que dou apenas cinco minutos.

— Não. Cinco minutos?

— Eu preciso ver você no ar. Desculpa, eu não te conheço, nunca vi nada que você produziu. Não sei o que você faz. Não conheço você, cara.

— Tá, tá bom. Eu topo cinco minutos para começar. Mas depois que der certo, eu quero mais tempo.

— E como vai se chamar o programa?

— Bem, só cinco minutos? Com esse tempo, tem de se chamar *Flash*!

Na sala de reuniões no Grupo Spring de Comunicação, Maluf falou sobre esse dia:

"Eu duvidei desse programa desde o início. Eu não lia o *Diário Popular*. Quando ele me mostrou as colunas sociais com o objetivo de mostrar aquilo na TV, pensei: 'Ele não vai conseguir colocar isso na televisão'. Eu nunca achei que poderia dar certo. Quanto engano! Hoje, até hoje, ele tem todo o respeito do mercado. Assim é o programa dele, tem quem goste, tem quem não goste. Mas, em geral, ele não tem rejeição. Ele dá certo porque ele é como um parente na sua sala; é assim que defino o Amaury. Ele entra na sua sala, bate papo, conversa com você, tem essa facilidade de se mostrar, falar, de desenvolver ideias, dizer coisas, parece que ele está dentro da sua sala. Muito dessa habilidade é porque ele é um cara que se atualiza muito e é sempre muito bem-informado. Não vai para uma produção sem se preparar. Participei de muitas gravações de eventos, especialmente na Band. Em Las Vegas, com a Céline Dion, ele não entrou sem saber o que perguntar. Isso mostra o profissionalismo dele. Ele tem alma de jornalista, não tem alma de advogado, que é sua formação. Desde a Gazeta, ficamos amigos. Só tem um jeito de dois sujeitos serem amigos: as mulheres têm de se dar bem. Minha mulher, já falecida, era muito amiga da Celina. Ao longo da vida, você conhece muita gente. Mas amigos mesmo acabam ficando poucos, dá para contar nos dedos. E o Amaury é um deles."

Em 1985, um ano depois de Fausto Silva ter estreado na TV Gazeta com seu *Perdidos na Noite*, nascia na mesma emissora o *Flash*, com a cobertura de shows, eventos, festas, lançamentos e desfiles de moda.

A audiência cresceu, impulsionada por uma parceria da Gazeta com a extinta Abril Vídeo, da Editora Abril, que investiu um milhão de dólares na compra de horários noturnos e contratação de equipe.

O retorno do público era por telefone. A emissora passou a receber muitas ligações de espectadores interessados em ser entrevistados pelo novo apresentador e de ter suas festas cobertas pelo programa. A repercussão do programa nas linhas telefônicas da Gazeta foi crucial para que, em apenas dois meses, Amaury ganhasse trinta minutos na grade de programação.

Meses depois, José Roberto Maluf foi contratado para um dos principais cargos executivos da Band. Levou o funcionário de quem duvidara no início. *Flash* estreava na Band com uma equipe robusta. Era o início do colunismo social eletrônico.

E, ÀS VEZES, O COLUNISTA TAMBÉM É ASSUNTO DE COLUNA SOCIAL

O homem que vive atrás de festa odeia promover uma. Diz que nunca mais pisaria em uma festa no caso de uma aposentadoria — palavra que ele, aliás, nem gosta de ouvir. As duas grandes festas que realizou na última década foram por motivos comerciais: a abertura do Club A, em 2009, balada da qual foi sócio, e a estreia de seu programa na Record, em novembro de 2001. "Minha estreia na Record estava ótima. Teve combustível para a semana toda nas colunas sociais."

Haja combustível! Revistas, sites e colunas sociais se esbaldaram no evento. A revista *Istoé Gente* resumiu o clima da festa:

Acostumado a ser convidado para as festas mais concorridas do país, Amaury Jr. desta vez foi o anfitrião. Na segunda-feira 19, o apresentador estreou pela Rede Record o programa Amaury Jr. Flash com festa black-tie que reuniu mil convidados, entre eles a prefeita de São Paulo, Marta Suplicy, e a apresentadora Hebe Camargo, no Jockey Club de São Paulo. A noite era de Amaury, mas ele mal aproveitou a comemoração. O rei da noite e criador do colunismo eletrônico trabalhou o tempo todo, cercado de celebridades, políticos, empresários e socialites. "Eu pouco vi da festa. Se me perguntarem sobre o buffet do Charlô, não sei responder", disse, referindo-se ao celebrado banqueteiro Charlô Whately, que serviu cordeiro com polenta e cuscuz marroquino e penne com shitake, entre outros pratos sofisticados. Amaury estava desde o início da tarde no Jockey Club fazendo entradas ao vivo na programação da Record e passou toda a festa entrevistando os convidados ilustres que chegavam desde as 21h. À meia-noite, o programa estreou ao vivo diretamente do local. Foi um momento de glória para Amaury, que se demitiu da Band, onde trabalhou por dezesseis anos.

A chegada de Marta Suplicy causou alvoroço. Era a primeira vez que a prefeita de São Paulo aparecia num grande evento de mãos dadas com o namorado, o empresário e especialista em política internacional Luis Favre. "É uma relação que eu assumi na minha vida. Estou muito feliz", disse, quando perguntada se o assédio da imprensa a intimidava. O casal limitou-se a circular apenas pela ala vip. Outros nomes da política também estiveram na festa, entre eles Fernando e Rosane Collor de Mello. Rosane desfilou pelos salões exibindo longos cabelos, graças ao megahair colocado há um mês. Chamou a atenção com sua bolsa de strass multicolorido em forma de cachorro. "É da marca Judith Leiber. Fernando trouxe de Nova York", informou. O ex-presidente par-

tilhou de vaidade semelhante. "Na semana passada, reclamei que estava com dificuldade com as minhas calças, elas não estavam fechando como eu gostaria. Nos últimos dois dias eu malhei um pouco mais e, graças a Deus, entrei no smoking", contou. O ex--prefeito de São Paulo Celso Pitta circulou pelos salões com a namorada, a socialite Rony Golabek.

Amiga há 25 anos de Amaury, Ana Maria Braga foi uma das primeiras a chegar, escoltada pelo marido, Carlos Madrulha. Na entrevista a Amaury, a apresentadora da Globo relembrou de seu tempo na Record. "Você está indo para uma ótima casa, a Record é como uma mãe. Os profissionais te escutam e te respeitam." Ex-colegas na Rede Bandeirantes, Silvia Poppovic deverá seguir os passos de Amaury Jr. e ocupar a grade de programação da Record. "Hoje vim para festejar o Amaury. Só vou pensar em um novo programa no próximo ano" despistou a jornalista. Mas seus futuros companheiros de emissora, Gilberto Barros, Otaviano Costa e Claudete Troiano, já estavam em clima de boas-vindas com Silvia. As loiras da Record também deram o ar da graça, mas não por muito tempo. Como tem de apresentar o programa de manhã cedo, Eliana não ficou até o final da festa, quando chegou Adriane Galisteu, por volta das 2h. Depois de apresentar seu programa ao vivo, a mais nova solteira da praça colocou um sensual vestido e foi à estreia de Amaury Jr. Flash acompanhada do inseparável DJ Zé Pedro.

A chegada cinematográfica planejada para Hebe Camargo não aconteceu. A apresentadora deveria deixar os estúdios do SBT e aterrissar no Jockey Club a bordo de um helicóptero, mas sentiu-se mais segura em fazer o trajeto de carro. Quem aguardava ansioso por ela era seu namorado, o empresário Ciro Batelli. Na entrevista que o casal deu ao vivo, Hebe disse que não gostou de uma nota que havia lido dizendo que Ciro pretendia se candidatar a deputado federal. "Não gosto mais de político", enfatizou. "Entre qualquer eleição e o amor de Hebe, fico com ela", amenizou Ciro, alegando que não tem mais vontade de entrar para a política. Passada a saia-justa, o clima entre eles era de carinho.

O cansaço nem sequer chegou perto de Amaury Jr. O apresentador circulava às 3h pelos salões do Jockey Club no maior bom humor. Posou para os fotógrafos ao lado da mulher, Celina, e dos filhos, o arquiteto Amaury, 26 anos, e a empresária Maria Eduarda, 24 anos. Fez questão que sua mãe, Clélia Ferreira, tivesse seu momento de fama. Pela primeira vez, ela apareceu no ar ao lado do filho famoso. Depois de tantos anos na Bandeirantes, a expectativa de estrear numa nova emissora era grande. Com um faturamento mensal que varia de 120 mil a 250 mil reais, o programa de estreia ficou em terceiro lugar na audiência, registrando quatro pontos de média e pico de seis. Recorde jamais alcançado na Bandeirantes, onde a atração não tinha horário fixo para ir ao ar. Na Record, o programa começa pontualmente à meia-noite, conforme foi estipulado em contrato. "Esta festa de estreia é atípica do que pretendo mostrar. Vou trazer muitas notícias", avisou o rei da noite.

14 TANTA COISA NA CABEÇA

DOMINGO, 12 DE JULHO DE 2015

Amaury acordou às cinco e meia da manhã. Teve seis horas de sono e dormiu bem, com a ajuda do ansiolítico Frontal, que o acalma. Entrou no banheiro da suíte e ligou o *radio shower*, aparelho à prova d'água instalado ao lado do chuveiro, por onde escuta música diariamente, enquanto faz a barba e toma banho. Foi para o quarto revertido em escritório escutar mais música. É ali que costuma baixar canções e gravar tudo em CDs que leva para todos os cantos. Está à caça de novos títulos para a trilha de seu programa. Tem uma mania: quando sente que uma música é a cara de seu show, baixa todas as versões possíveis e leva para o carro. É a melhor hora de analisar as versões, principalmente nos trajetos que faz entre a casa e a produtora, nos Jardins, ou até os estúdios da RedeTV!, em Osasco. O tema de seu programa, "Keep It Comin' Love", surgiu assim em seu radar. De tantas versões que ouviu, decidiu que a música funcionava em todas. Era alegre, para cima, poderia apresentar bem seus convidados e artistas. Fora que foi um sucesso desde o lançamento, em 1977, dois anos depois de outro som vibrante, "That's the Way (I Like It)", também do grupo KC and the Sunshine Band. "As melhores músicas do mundo foram lançadas entre os anos 1970 e 1980", diz. Acompanhado do Nego, como é chamado o motorista que é seu funcionário há uma década, ele escuta e repete. Nego sabe de cor e salteado todas as músicas que o patrão coloca no carro. Amaury se confunde com a ordem das músicas que quer ouvir, mas cantarola o ritmo. Nego, nessa hora, interfere:

— É a cartorze, seu Amaury.

Com o vício em procurar e descobrir canções, o apresentador lançou sete CDs com a trilha que toca em seu programa. Amaury não canta nem compõe, muito menos sabe tocar um instrumento. Mas os CDs com o seu nome venderam juntos um milhão de cópias.

Antes das sete da manhã, ele desce até a garagem para buscar os dois jornais que assina — *Folha de S.Paulo* e *O Estado de S. Paulo* — e a revista *Veja*. Lê até as oito da manhã. Sai para buscar a sogra e a mãe.

— Amauryzinho! — recebe-o dona Clélia.

Volta às quatro da tarde. No elevador, desabafa: "Família é problema." Abre a porta de casa, vai até o quarto e volta para sala em cinco minutos. "Olha, vou te contar: eu tenho tanta preocupação na cabeça, com carreira, negócios, renovação do contrato com a emissora, viagens, e ainda tenho de aturar as duas. É cada probleminha que elas arranjam. Não tenho paciência. Estou exausto." Senta na varanda. Acende um cigarro. Passa a mão na testa suada e continua pelo cabelo. Começa a conversar, até que chega o neto de poucos meses, nos braços de uma babá trajada de branco dos pés à cabeça. "Vem aqui, Tom. Vem aqui com o vovô." A empregada leva o menino para perto do avô, que ergue os braços de Tom, como costuma fazer nas entrevistas. "Êêêêêêêêêêêêêêêêêê." Ele estende ainda mais os braços do neto, como se passasse lições de como ser espontâneo. O bebê sai e ele comenta: "Minha filha e meu genro estão na praia e deixaram o neto aqui com a babá. A outra babá faltou. Eles ficam perdidos quando isso acontece. Agora eu pergunto: veja só se no meu tempo tinha essa história de ficar estressado porque uma babá não apareceu. Eu nunca precisei de babá para criar filho. É cada uma que me aparece..."

PÍLULAS E COMPRIMIDOS

Amaury Junior é hipocondríaco. Toma 35 pílulas por dia: umas tantas ao acordar, outras tantas ao dormir. Há duas décadas começou a pesquisar remédios e vitaminas em farmácias americanas, onde até hoje passa horas vasculhando novos lançamentos. Traz todas as novidades que acha interessantes para seus médicos analisarem. Entre os amigos, sua fama de hipocondríaco é tamanha que, certa vez, Boni declarou que Amaury tem o xixi mais caro do Brasil. Quando viaja a negócios ou lazer, sua dedicação na preparação da mala começa com a organização dos remédios: em potes pequenos, registra quadradinho por quadradinho, pílula por pílula, os remédios que vai tomar a cada período do dia. Durante a manhã, em viagens, pega um copo d'água e toma dez de uma vez. Amaury se define um estudioso da medicina e conhecedor profundo das melhores marcas de remédios e antioxidantes do mundo. "Tenho quase setenta anos e aparento menos idade, graças aos meus remédios." Na sala de jantar, em casa, ele organiza nas caixas tudo que irá consumir na semana, dos complexos vitamínicos aos mais específicos:

– Resveratrol: composto fenólico presente na casca da uva, que combate os radicais livres. O antioxidante previne alguns tipos de câncer e funciona como vasodilatador, ajudando na prevenção de doenças cardiovasculares. "Cada cápsula equivale ao benefício de duzentas taças de vinho por dia", acredita Amaury.

– Vitamina C: dá mais firmeza à pele e combate a flacidez. "Vou colocar cinco."

– Ômega 3: benéfico na prevenção de doenças cardiovasculares e da osteoporose. "Este é de grande qualidade, não essas porcarias que tem por aí."

– Magnésio: importante para a memória. "Me ajudou na época da depressão."

– Cálcio: essencial para a manutenção de um esqueleto forte. "Seis pílulas por dia. Três de manhã e três à noite."

– Vitamina D3: ajuda a combater resfriados e reduz pela metade o risco de infecções respiratórias. "Dois ao dia."

– Zinco e selênio: fortalecem a pele, o cabelo, as unhas e a imunidade, além de aumentar a disposição.

– Cymbalta: antidepressivo.

– Cúrcuma: "Esse é o maior antioxidante do mundo. Tomo três ao dia."

Para completar, toma diariamente o Cialis, recomendado pelo urologista Miguel Srougi. Líder em vendas, o medicamento atua no mecanismo que provoca o relaxamento da musculatura dos corpos cavernosos do pênis, aumentando o influxo de sangue e mantendo a ereção firme e prolongada. "É para irrigar as partes de baixo."

VAIDADE

"Celebridades não se tornam narcisistas. Os narcisistas é que se tornam celebridades", diz o psicólogo Drew Pinsky em seu livro *The Mirror Effect* (O Efeito Espelho, em tradução livre). Pinsky, auxiliado pelo cientista social S. Mark Young, testou duzentas celebridades americanas para provar que as celebridades se amam mais que as pessoas comuns. Conforme o estudo, elas são 17% mais narcisistas que a média dos americanos — povo, aliás, com uma propensão ao narcisismo que influencia toda a cultura americana contemporânea, de acordo com os psicólogos Jean M. Twenge e W. Keith Campbell na obra *The Narcissism Epidemic* (A Epidemia do Narcisismo, também em tradução livre). Um exemplo que a dupla dá é o endividamento crescente dos americanos com a compra de bens além de seus ganhos — um sintoma de delírio de grandeza. O aumento impressionante no número de cirurgias plásticas seria outro forte indicativo da escalada narcísica americana. Diz o livro: "Há mais narcisistas do que nunca. E os não narcisistas são seduzidos pela ênfase na riqueza material, na aparência física, no culto às celebridades e na necessidade de atenção."

Com alguma regularidade, o colunista José Simão iniciou sua coluna no jornal *Folha de S.Paulo* assim: "Buemba! Buemba! Macaco Simão Urgente! O esculhambador-geral da República! Plásticas podem ser deduzidas do imposto de renda. A Marta Suplicy e o Amaury Jr. vão ter isenção vitalícia! Rarará!" Outra vez, aumentou o repertório de suas piadas: "Plásticas podem ser deduzidas do imposto de renda. Dona Marisa, Marta, Amaury Jr. e Silvio Santos vão ter isenção vitalícia. Rarará."

"Sempre fui vaidoso. O Zé Simão volta e meia me enche o saco na coluna e eu falo quando o encontro: 'Zé, adoro você, adoro sair na coluna, quanto mais aparecer melhor, faz muito bem para a saúde do programa. Mas quero que o público saiba que só fiz um procedimento no meu rosto'. Do jeito que ele fala, parece que não saio do cirurgião plástico. Pode pegar quinhentos médicos e olhar aqui. Fiz um *lifting* com Pedro Albuquerque, porque emagreci catorze quilos, já tinha o pescoço flácido, e aí o Pedro, que é da minha roda de amigos, falou: 'Ah, tenha dó, eu faço isso em um dia'. Também aplico Botox na testa e nas laterais dos olhos duas vezes ao ano com a dermatologista Ligia Kogos. E uso muitos cremes. Sou pesquisador de cremes. Quando chego das gravações, lavo muito bem o rosto antes de deitar, com sabonetes especiais, um deles facial e levemente esfoliante para tirar as impurezas, daqueles que a gente passa e sai aquele preto do rosto. Depois desse procedimento, passo um creme antienvelhecimento chamado Perricone, que custa 160 dólares e trago dos Estados Unidos. Uso só isso. Isso é ser vaidoso?"

LAR DOCE LAR

No prédio de Amaury, uma porta de metal pesada, de três metros de altura, abre para o hall de entrada, que tem uma mesa e dois sofás. Chama a atenção um grande e luxuoso lustre. Na mesinha que separa os sofás, quatro livros de Amaury Junior feitos para enfeitar a mesa da sala — um deles traz histórias e fotos do apresentador em Dubai, e o outro na África do Sul.

Cada apartamento no prédio de Amaury tem quinhentos metros quadrados e é avaliado em quinze milhões de reais. Recentemente, um vizinho pediu vinte milhões, mas acabou cedendo a um comprador por cinco milhões a menos. O apresentador comprou o imóvel nos tempos em que apresentava o programa matutino *Manhã Mulher*, na Band, cujos rendimentos mensais com *merchandising* chegavam a 1,5 milhão de reais. Outro morador famoso do prédio é o apresentador Serginho Groisman.

Da varanda do 16º andar, a vista abrange o Círculo Militar, o Parque do Ibirapuera e o Ginásio do Ibirapuera. Pessoas caminham com seus cachorros no domingo à tarde e os carros tentam arranjar vaga em frente aos prédios da rua Curitiba. No horizonte, ainda dá para ver um trecho dos prédios de São Paulo e os aviões que passam em direção ao aeroporto de Congonhas a cada dez minutos.

Esse é o mais valioso patrimônio de Amaury. Com o dinheiro acumulado na carreira, ele adquiriu 32 imóveis em seu nome no estado de São Paulo, incluindo terrenos, um sítio, apartamentos e casas. Só na rua Caconde, no Jardim Paulista, bairro de classe média alta, possui dois apartamentos no mesmo prédio. Há vinte anos, mantém uma casa em Orlando, na Flórida, onde costuma ir cinco vezes ao ano, incluindo as festas de Natal e Ano Novo.

ESSE É AMAURY JUNIOR:

"Amaury Junior. Você olha para ele e diz: 'Eu queria que esse cara fosse meu amigo de infância'. Uma vez, há séculos, depois de um show no Copacabana Palace, eu — folgado que sou — me aproximei do piano e disse ao Sammy Davis Jr. (que tinha feito o show): 'Cara, vendo você cantar e conversar aqui na minha frente, eu tive a certeza de que sempre fomos amigos íntimos'. Ele me olhou com simpatia e me disse como quem explicava o mistério: 'Empathy'. Nunca tinha ouvido em português a tradução desta palavra e nem a usamos muito entre nós na acepção inglesa. Mas vale a pena ir ao Houaiss conferir seu óbvio significado. O segredo da permanência e da vitalidade do Amaury — sempre amado — na televisão brasileira é o mesmo do Sammy Davis Jr.: empatia!"

Ziraldo, cartunista

COMO SER UM MILIONÁRIO

15

A criação do colunismo social eletrônico fez de Amaury um milionário. Em maio de 1998, ele mudou definitivamente de patamar social e passou a ostentar esse título. Foi o período em que mais ganhou dinheiro. O motivo era o matutino *Manhã Mulher*, da Band. Gravado em uma casa-estúdio localizada no bairro paulistano dos Jardins, o programa tinha um formato curioso: a ideia era passar a impressão de que o apresentador estava em sua própria casa, recebendo o telespectador na sua intimidade. Cada ambiente era o cenário de um quadro — no jardim eram feitas as entrevistas, a sala era o lugar da leitura dos jornais e a culinária era, claro, apresentada na cozinha. Em um dos pilotos, a atriz Paula Burlamaqui revelava, durante a ginástica num jardim cenográfico, que fez aborto. O ator Daniel Bork, onipresente na programação da Band, dava vida a um mordomo. Amaury dizia que o clima caseiro do programa personalizaria a conversa e o faria conseguir tirar "ouro em pó" das entrevistas.

A Band gastou dois milhões de reais para transformar a casa num estúdio decente para o *Manhã Mulher*. Sessenta homens trabalharam para instalar sete quilômetros de cabos, além de luminárias especiais, de origem alemã. Havia quadros e esculturas em cada espaço da casa. A decoração era assinada pelo arquiteto João Armentano e os jardins, pelo paisagista Marcelo Faisal, ambos estrelas em suas áreas. A emissora tinha dois objetivos com todo esse investimento: dobrar a audiência da faixa das manhãs — que estava estagnada nos dois pontos — e faturar. Faturar muito. Cada espaço da casa foi planejado para os anunciantes que poderiam gastar ali. Por exemplo, logo no início do programa, enquanto o apresentador fazia a barba no banheiro, poderia lucrar com o anúncio de um creme de barbear. Resultado: Amaury viu sua conta bancária disparar a partir de 1998. Nos períodos mais fartos, chegou a ganhar 1,5 milhão de reais por mês. Com esse dinheiro, comprou suas mais de três dezenas de imóveis no estado de São Paulo.

DE GALHO EM GALHO

Em 2001, após dezesseis anos na Band, Amaury trocou a emissora pela Record. Sob a liderança de Rogério Gallo, então diretor de criação, a Band queria popularizar sua grade de programação, e o *Flash* era considerado muito elitista. Amaury foi para a Record com um salário estimado entre 120 e 250 mil reais.

Em 2008, Amaury migrou para a RedeTV! com um acordo de sociedade: ele tem contrato de funcionário, mas sem salário estipulado. Tudo depende das vendas. Nesse modelo, a emissora e o apresentador passaram a dividir os lucros resultantes das inserções comerciais na atração diária.

Atualmente, ele ganha duzentos mil reais mensais, quando o período é de vacas magras — como este ano de 2015, no qual os anunciantes fecharam as torneiras para anúncios na mídia. "Você acha muito? Minha bandeirada é alta. Eu pago oito mil reais só de condomínio nessa porra aqui." A "porra" é o apartamento de frente para o Parque do Ibirapuera. Mas, quando o período é de bonança, o apresentador chega a faturar quinhentos mil por mês.

Seu modelo de negócios funciona em três frentes. A primeira delas é o clássico patrocínio. Quatro marcas — Kia Motors, Ultrafarma, Sylvia Design e cerveja Proibida — pagam até duzentos mil reais mensais para ter um comercial no intervalo do programa e a cobertura de dois eventos da marca com a presença de Amaury. Outra frente são as vinhetas diárias rápidas: várias marcas são expostas numa sequência e intercaladas com imagens de pessoas sorridentes, tendo alguma música dos anos 1970 ou 1980 como trilha de fundo. É um formato atraente para aqueles negócios ou empresas que precisam ficar na boca da clientela, mas não têm verba polpuda o suficiente para anunciar nos caros espaços de televisão. Quatro restaurantes de São Paulo utilizam esse serviço no programa de Amaury: A Bela Sintra, Vento Haragano, Spaghetti Notte e Mit. Além deles, há outra dezena de marcas que pagam trinta mil reais mensais para serem vistas diariamente por alguns segundos. "É a famosa permuta. Ela é malvista por muitos, mas acho válida para todos. Se a empresa quer fazer e pode pagar um valor menor, por que não fazer uma aparição? O dono da TV também precisa de dinheiro."

A terceira fonte são os chamados infomerciais, ou conteúdo pago — que preenche quase 50% do programa. (Aliás, outro sinal da temporada de vacas magras: seis minutos desse tipo de exposição no programa de Amaury já chegaram a custar 150 mil reais. Hoje, por setenta mil, o negócio está fechado.) Basicamente, são aquelas inaugurações badaladas que rolam pelo país. Os mais frequentes são os lançamentos de hotéis e empreendimentos imobiliários, onde o apresentador aparece para entrevistar os responsáveis, as figuras mais conhecidas do lugar e mostrar os cômodos e suítes. "Esse quarto é algo inigualável", costuma dizer. O exemplo clássico é o contrato que seu programa tem com o Conrad Punta Del Este Resort & Casino. A diretoria do Conrad afirma que a popularidade da cidade e do hotel pode ser classificada em "AA" e "DA": antes de Amaury e depois de Amaury. Na reportagem de capa da revista *Viagem & Turismo*, em 2011, a chamada sobre Punta del Este dizia:

> *Punta del Este é praia, é pampa. Punta é pôr do sol e uma das noites mais fervidas do continente. Punta é hype. Punta é Amaury Jr. Punta é Uruguai, mas cada vez mais brasileira. Punta é o destino de verão do momento.*

No mesmo ano, a revista *Alfa*, também da Editora Abril e já descontinuada, mostrava o público de Punta del Este.

> *Marina superlotada, desfile de Ferrari, festas exclusivíssimas, casas de oito milhões de dólares (nem sempre declaradas no imposto de renda). Destino preferido dos ricos brasileiros, Punta tem um estrato bem-definido de turistas no balneário: o primeiro inclui os fãs de Amaury Jr., que acham chiquérrimo hospedar-se no Conrad, um cassino tão elegante quanto palitar os dentes em público.*

Amaury nem dá bola para esse tipo de alfinetada. "Sou o vice-prefeito lá", gaba-se. "Essa ideia começou há dezoito anos. Eles fizeram o hotel-cassino, mas o jogo tinha uma imagem ruim e eles não tinham um canal para divulgar os shows internacionais e os artistas brasileiros que apareciam por lá. Fui cobrir a festa de inauguração do hotel. O show era do Paul Anka [do sucesso "Put Your

Head on My Shoulder", de 1968, entre muitos outros hits]. Eles pagaram apenas a passagem da equipe. Punta estava numa baixa total. Eu fui, mostrei a festa, coloquei no ar e apresentei a cidade e os restaurantes. Na segunda vez que me chamaram, quando eles perceberam que dera resultado, falei: 'Agora tem custo. Vou divulgar vocês, é uma ação comercial. Busquem o departamento comercial da Band'. Iríamos falar até dos custos dos apartamentos e dos voos disponíveis. De qualquer maneira, conseguiram a verba. Eu pegava o avião, ficava de quinta a domingo e botava no ar em forma de pílulas. Gravava dentro do cassino, mostrava todo o colorido, entrevistava os artistas. Passei a indicar muitos nomes a eles, como Rita Lee, Roberto Carlos e Djavan. A única mídia que eles têm no Brasil sou eu. É claro que eu fiquei com fama de jabazeiro, mas para mim o Conrad era uma troca importante. Eles me davam exclusividade de todos os shows nacionais e internacionais que faziam, e ainda incluíam no contrato com o artista a obrigação de me dar uma entrevista.

Criei um modelo e até hoje me aparecem hotéis do Nordeste e outras localidades que querem que eu faça o mesmo que fiz no Conrad. Virou *case* (jargão do meio publicitário para uma ação tão bem-sucedida que passa a virar exemplo). Agora o Panamá quer que eu faça o mesmo que fiz em Punta. A [agência de turismo] CVC quer divulgar. Celina está lendo todos os livros sobre o país. Quero chegar lá e dar uma noção de tudo. O Panamá tem um dos maiores *freeshops* do mundo. Quero ir ao Canal do Panamá e falar: 'Tá vendo aquele navio? Tá pagando 180 mil dólares pra passar ali'."

Toda a parte comercial dos lucros e vendas é dividida com a emissora. Ao contrário de outras emissoras — como o SBT, que reparte com seus principais apresentadores o custo de produção e os lucros dos comerciais —, a RedeTV! não colabora com o custo de produção mensal do programa, que pode chegar a quinhentos mil reais. Quando o programa chega a faturar dois milhões, o apresentador divide o lucro com o canal e com o restante paga as despesas e a equipe. Aproximadamente cinquenta profissionais trabalham na produtora de Amaury nos Jardins. Seus dois diretores recebem dez mil reais mensais, enquanto os dois principais produtores e editores faturam nove mil e oito mil. Os três repórteres contratados têm salários fixos de cinco mil, mas atuam como os "soldados" comerciais do programa fora dos estúdios: são incentivados a prospectar parceiros comerciais durante os eventos que cobrem e recebem 10% de cada contrato fechado. "Eles são a ponte com os empresários, porque circulam nesse meio. Eles vendem o programa para mim. É fácil cada um receber quinze mil a vinte mil por mês. É só querer", diz o patrão.

HOMEM-PROPAGANDA

A publicidade é uma mina de ouro para celebridades e personalidades. No caso de muitos atores, é a maneira de enriquecer. Para apresentadores de televisão como Amaury Junior, não é o caso: dá para ficar rico só com os rendimentos de suas atrações. Mas ainda é interessante fazer seus trabalhinhos por fora. A primeira campanha publicitária de abrangência nacional que Amaury fez foi para os cigarros Advance. Os comerciais para a televisão foram dirigidos pelo jovem diretor publicitário João Daniel Tikhomiroff, que se transformaria num dos principais do país à frente da produtora Mixer. Cerca de quinhentos outdoors foram espalhados na cidade de São Paulo com o rosto de Amaury e a opinião do apresentador: "A diferença é que Advance tem sabor. Logo na primeira vez que eu fumei, eu senti a diferença: suave, mas com sabor. Para mim, foi fácil preferir Advance." A campanha do Advance rendeu a ele quinhentos mil reais, em valores atualizados. Hoje em dia, Amaury costuma comparecer em lançamentos, de hotéis a shoppings, por todo o país, num plano que inclui sua presença na inauguração, fotos para outdoors e participações em rádio e televisão. Num empreendimento em João Pessoa, seu cachê foi de trezentos mil reais. Em Teresina, de duzentos mil.

Em 2014, o biscoito Negresco contratou Amaury por oitenta mil reais para uma experiência inusitada: um comercial veiculado apenas pelo YouTube. Amaury aparecia caracterizado como um jogador de futebol como Ronaldinho Gaúcho, uma apresentadora de televisão como Hebe Camargo, um playboy como Chiquinho Scarpa e um cantor no estilo de Roberto Leal — pessoas já entrevistadas por ele —, sempre cantando um rap composto por Gabriel, o Pensador, que dizia: "Desenrola." Diz o publicitário Hugo Rodrigues: "Amaury atingiu um nível em que consegue impactar todas as classes sociais, todas as faixas etárias. Desde as pessoas que olham para ele como personalidade *kitsch* até as que acham que ele representa o glamour ou que é engraçado por ser versátil, flexível. O Amaury é uma personalidade."

ESSE É AMAURY JUNIOR:

"Antes mesmo do surgimento das bebidas energéticas, o Amaury já era o energético. Sempre foi alegre, vibrante, empreendedor e transferiu tudo para o *Flash*, depois transformado no programa com seu nome. Nenhum outro programa — até mesmo em escala internacional — tem uma história tão rica em qualidade e quantidade de celebridades, curiosidades, viagens e eventos. E quem faz TV sabe o quanto é difícil realizar um programa diário, com inovação constante no conteúdo e na forma para um público exigente. Por isso, o *Flash* do Amaury faz sucesso há 35 anos."

Fausto Silva, apresentador de TV

16 INSPIRAÇÕES E IMITAÇÕES

Em 2006, três anos depois do sucesso *Os Normais*, a dupla Alexandre Machado e Fernanda Young lançava na faixa noturna de sexta-feira da Globo o programa *Minha Nada Mole Vida*. De acordo com o site Memória Globo,

Minha Nada Mole Vida fazia uma sátira às colunas sociais eletrônicas e também refletia sobre o dia a dia de pais separados com filhos. Na trama, Jorge Horácio (Luiz Fernando Guimarães) é um jornalista que cobre eventos sociais em seu programa Jorge Horácio By Night. Ele e seu filho Hélio (David Lucas) passam a conviver intensamente depois que Silvana (Maria Clara Gueiros) exige judicialmente que seu ex-marido fique mais tempo com o filho.

Ainda na descrição do site oficial da TV Globo, uma curiosidade: Luiz Fernando Guimarães inspirou-se livremente em Amaury para compor seu personagem. *Minha Nada Mole Vida* teve três temporadas exibidas pela Globo, sob a direção de José Alvarenga Jr.

O autor Alexandre Machado falou sobre como o programa nasceu:

"Quem não passou madrugadas assistindo às entrevistas do Amaury? Os entrevistados nem precisam ser tão interessantes, pois ele consegue, de alguma forma, prender a nossa atenção. Talvez porque, mais do que entender de fazer televisão, ele entende das pessoas. *Minha Nada Mole Vida* surgiu de uma pergunta que sempre me fiz: como o Amaury consegue estar sempre tão animado, noite após noite? Ele não tem problemas na vida, como todos nós? Tem. Mas consegue deixá-los de lado, para divertir o seu público. E isso é admirável."

Jorge Horácio by Night tinha uma trilha dos anos 1970 e 1980. A abertura do programa era feita pela canção "Gonna Make You Sweat", do C+C Music Factory, aquela do refrão "Everybody dance now!". Mas o fundo musical chegou a ter várias entradas de KC & The Sunshine Band, grupo do "Keep It Comin' Love".

Luiz Fernando Guimarães fala sobre o programa e o personagem:

"[O Amaury] foi uma indicação do Alexandre e da Fernanda. Nós três decidimos, na verdade, que o programa tinha a cara do Amaury. Era a nossa única referência nesse universo, a mais forte. A sinopse, porém, não foi pensada nele. O protagonista era um colunista social de TV com duas histórias: ele teria um filho para ter um conflito e uma separação para ter o segundo conflito. E um programa de TV que fosse noturno para ele levar o filho e provocar a mulher. Pensamos imediatamente no Amaury. Eu já assistia ao Amaury. Assistia bastante mesmo. Tanto que muitas das coisas que eu fazia no programa eram iguaizinhas a ele, de tanto que eu vi — por exemplo, aquilo de puxar o entrevistado e sempre falar muita coisa. Além de espectador, já fui entrevistado por ele algumas vezes e sempre gostei das entrevistas. Ele tem uma pegada de programa ao vivo, de saber criar situações na hora: de noite não é fácil, tem gente bêbada, tem gente sóbria, tem gente que demora um ano para falar, tem outros que falam rápido. Portanto, com essa bagagem de espectador e entrevistado, não me foi difícil fazer o Jorge Horácio. Hoje, quando revejo o *Jorge Horácio by Night*, vejo que fazia o Amaury mesmo. Por exemplo, o fato de conferir alguma coisa no papel ou olhar ao lado da câmera para ler informações do entrevistado. Ou o jeito dele de sempre pegar no entrevistado para ficar perto dele. Foi extraordinário. Eu gostava do personagem e do programa porque era muito vivo para mim."

O OUTRO AMAURY, AQUELE DO PÂNICO

Quem melhor criou uma persona a partir da figura do Amaury e deu publicidade ao apresentador foi o humorista Márvio Lúcio, com o personagem Amaury Dumbo, no programa *Pânico na Band*. O humorista explica sua criação:

"Amaury Jr... Essa figuraça que levou a minha imaginação para vários lugares do mundo. Sempre tive um sonho de conhecer certos lugares e ele realmente me levou. Para um garoto que passou a infância e a adolescência em São Gonçalo, no Grande Rio, as coisas não eram tão fáceis. Viajar para Petrópolis era o mesmo que ir a Paris. Jamais imaginei que este repórter que levava e elevava minha imaginação se tornaria minha inspiração.

Tempos depois, já trabalhando na RedeTV!, me deparei pela primeira vez com quem? Amaury Junior! Era aniversário da superintendente da emissora, que recentemente o havia contratado, e ele apareceu na festa com a indumentária que lhe é peculiar. Fiquei impressionado, pois nunca tinha visto o Amaury de perto — melhor, ele estava gravando para seu programa. A festa acontecia na galeria do Romero Britto e eu estava acompanhado da minha esposa, Paola, do Emílio [Surita] e da Sabrina [Sato]. Amaury chegou sorrateiramente com microfone e equipe e deu o bote na Sabrina. Fiquei impressionado ao ver a sua performance ao vivo. Ele falava sobre qualquer assunto com a categoria de sempre, até para as perguntas mais picantes. Sem perder tempo, emendou a conversa e colocou o Emílio na roda com o seu célebre jargão: 'Meu amigoooo Emíliiiiioooo Suriiiita!!!!!!'. Caí na gargalhada, não me aguentei e aquele grito esfuziante ficou dentro da minha cabeça. Logicamente, naquele momento, eu ainda não era um cara popular dentro do Pânico e tinha noção de que ele não me colocaria no papo, pois sabia que não tinha a notoriedade necessária para participar do *Flash*, ou melhor, do novo *Programa Amaury Jr*.

No dia seguinte, fiquei louco imitando o Amaury na rádio Jovem Pan, o nosso QG. Sempre que eu via o Emílio, gritava: 'Emílioooooo!!! Meu amigoooooo!!!' E todos adoravam. Virou um bordão interno e esse jeito virou uma mania de falar para qualquer coisa, do tipo: 'Vou ao banheirooooo... Vamos almoçaaaarrr, meu amigoooo.' Até que um dia, o Emílio Surita sugeriu que esse jeito e essa voz dariam um bom personagem.

E foi assim que nasceu o Amaury Dumbo. Colocamos uma orelha e pronto. Fomos à luta. O personagem pegou! E graças a ele, ganhei tudo aquilo que um dia imaginava lá em São Gonçalo. Conheci os lugares do mundo com que sonhei. Muito obrigado, Amaury Jr."

17
UM MILHÃO DE CONHECIDOS, **UNS POUCOS AMIGOS**

Amaury não costuma fazer festas. Alega que, se fizer uma festa, vai sempre deixar algum amigo chateado, porque certamente vai se esquecer de convidar um ou outro. Os jantares e eventos que faz em sua casa são restritos a amigos muito próximos, ou então servem para tratar de interesses comerciais. Em 2007, por exemplo, o casal Amaury e Celina promoveu um jantar para celebrar a vinda ao Brasil de Gianluca Bisol, presidente da vinícola italiana Bisol, famosa pelo seu espumante prosecco. No cardápio, cuscuz com molho de camarões e torta de abóbora com carne-seca e, para sobremesa, romeu e julieta. Esteve presente uma constelação de empresários brasileiros: Amilcare Dallevo Jr., presidente da RedeTV!; José Luiz Gandini, presidente da Kia Motors; Flávio Rocha, vice-presidente das Lojas Riachuelo; e Fátima e Ângelo Salton, presidente da vinícola gaúcha Salton, de Bento Gonçalves. "Fico muito feliz de poder realizar o encontro entre Gianluca e Angelo. O melhor do mundo e o melhor do Brasil estão na minha casa hoje", exaltou o anfitrião.

Quando Amaury faz um evento, é trabalheira na certa. Há sempre uma fila de conhecidos que fazem questão de cumprimentá-lo pessoalmente. Presentes chegam à sua casa sem parar, e é preciso fazer os devidos agradecimentos. Convidados ficam chateados se não recebem um mínimo de atenção dele. Talvez seja por isso que Amaury cultiva um círculo de amizades muito restrito, embora afirme ter muitos amigos. "Ele é muito carente", diz José Luiz Gandini, um dos poucos de seu grupo mais fechado. Para os mais íntimos, volta e meia Amaury liga querendo bater papo. Fazem parte de seu círculo ainda o ator Fúlvio Stefanini e a mulher dele, Vera. Dos amigos de infância e adolescência, praticamente não restou nenhum. Vitoriano Matos morreu, e com Valdo Matos ele perdeu contato. Sergio Dória e Júlio Dias (dono dos Colchões Ortobom) falam raramente com ele. E o melhor dos amigos no passado, Roney Signorini, é um caso malresolvido. Há cinco anos, a dupla inseparável de Rio Preto deixou de se falar. Toda vez que Amaury é questionado sobre a ruptura, ele fala: "Eu sinceramente não sei o que aconteceu com o Roney. Ele não me atendeu mais."

Roney foi localizado e respondeu o primeiro e-mail da seguinte forma:

Bruno,
lamento não poder colaborar.
Não conheço a pessoa, entendido?
Sucesso na sua empreitada.
Prof. Roney Signorini
Assessor e Consultor Educacional

Respondi imediatamente, dizendo que Amaury Junior me contara muitas histórias deles em Rio Preto, inclusive dos tempos em que haviam comandado um programa juntos na Rádio Independência. Era impossível que Roney não o conhecesse. Eu queria entender o que havia acontecido. A segunda resposta veio em poucos minutos:

> *Bruno,*
> *tenho quase setenta anos.*
> *Ignoro e não precisa me informar a sua idade.*
> *Cito a minha só para situar vivências e experiências de vida.*
> *Não sou de ofender ninguém. Não tenho preconceitos a nada.*
> *Dirigi por trinta anos uma das mais importantes escolas de Jornalismo do país: a FIAM.*
> *Por ela me aposentei.*
> *Sabe aquela coisa de que vc. pode enganar muita gente por bom tempo, mas não todo o mundo por todo o tempo? É algo parecido com isso.*
> *Fico por aqui. Favor não me dar retorno.*
> *NÃO COLABORAREI COM VOCÊ. E para ajudar a entender um pouco a minha conduta, sou aquariano.*
> *Me dê a satisfação da sua leitura no meu site e blog indicados abaixo.*
> *Abraços fraternais.*
> *Reitero sucesso.*
> *Prof. Roney Signorini*

De Rio Preto, ficou o contato com o repórter J. Hawilla, dos tempos da Rádio Independência. Os dois se falavam com regularidade até 2014. Quem é Hawilla? Uma edição da revista *Veja* de junho de 2015 lembra a trajetória do empresário:

> *Hawilla não nasceu rico. Quando chegou à capital paulista, em 1967, trazia de São José do Rio Preto uma dívida equivalente a dez mil reais e um currículo de radialista esportivo iniciante. No*

início dos anos 1970, chegou a montar um negócio de carrinhos de cachorro-quente, que acabou deixando por causa do aperto da fiscalização da prefeitura. Dividia uma quitinete no centro da cidade com um amigo, mas já pensava grande. No jornalismo, trabalhou primeiro na Rádio Bandeirantes, depois na Rede Globo. Demitido da segunda por participar de uma greve da categoria, e com um filho de seis meses em casa, decidiu que nunca mais dependeria de patrões. Foi recontratado três meses depois, mas não tirou a ideia da cabeça. Em 1982, comprou uma empresa que instalava anúncios em pontos de ônibus — veio daí o nome Traffic. Mas o grande salto deu-se no ano seguinte. Nas constantes viagens internacionais que fazia como jornalista, observava a publicidade nos estádios, recurso então incipiente por aqui. Decidiu trazer o negócio para o Brasil, usando os contatos acumulados ao longo da carreira. Ficou rico.

Antes da Copa de 2014 no Brasil, Amaury e Hawilla almoçaram em um restaurante em São Paulo. Queriam saber das novidades e pensar numa parceria do programa de Amaury na TV com os estúdios da Traffic. Só que o espaço dos estúdios era muito pequeno para uma produção como o programa de Amaury, e o acordo não avançou. Em junho de 2015, estourou o escândalo de corrupção que envolveu da FIFA às empresas de marketing esportivo. Meses depois do almoço, Hawilla fez um acordo de confissão com a Justiça americana e se comprometeu a pagar mais de 151 milhões de dólares (ou 473 milhões de reais) em troca da pena de prisão domiciliar. Ele confessou ter cometido atos de extorsão, fraude e lavagem de dinheiro no esquema de pagamento de propina em contratos com as confederações de futebol. "Nossa relação sempre foi ótima. Eu vivia na casa dele em Rio Preto. Não me esqueço de uma transmissão de Carnaval em que o 'ponto' no ouvido dele deu defeito e, quando o chamamos do estúdio para o campo, ele só falava 'Escutem Rádio Independência, escutem Rádio Independência'", gargalha Amaury.

Outro amigo em São Paulo é o jornalista João Doria Jr., presidente do Lide, grupo de lideranças empresariais responsável por organizar eventos que às vezes reúnem em um mesmo ambiente quase metade do PIB brasileiro. Diferente de Amaury, Doria não fala palavrão, não fuma e não bebe. Cuida muito da aparência: nos círculos empresariais, brinca-se que Doria é capaz de jogar futebol sem tirar um fio de cabelo do lugar. Atualmente, ele levanta os meios e os contatos para virar candidato a prefeito de São Paulo pelo PSDB, e tem o apoio incondicional do amigo do peito, o governador Geraldo Alckmin.

O FIEL PATROCINADOR

José Luiz Gandini, presidente da Kia Motors do Brasil, pede um café expresso duplo enquanto espera a mulher em um famoso café na Avenida Faria Lima, em São Paulo. Casado há seis anos com a ex-miss Brasil Leila Schuster, ele conversa sobre os desafios do mercado de carros importados no cenário desastroso da economia brasileira em 2015. O aumento do IPI, o câmbio estável e os custos mais altos com o dólar fizeram as vendas da Kia caírem 18,34% em 2014. O resultado foi uma redução agressiva no investimento com mídia, principalmente nos programas da TV aberta. A mais prejudicada é a Rede Globo, que lucrava nove milhões de reais a cada novela das nove, num contrato que garantia a exposição dos carros da Kia para os personagens mais abastados. O desempenho decepcionante da novela *Babilônia* escrita pelo trio Gilberto Braga, Ricardo Linhares e João Ximenes Braga, cuja audiência despencou até os dezoito pontos em São Paulo e mergulhou até os doze em outras praças e o fim de sua exibição antes do prometido contribuíram para a suspensão da parceria com a emissora. Mas, assim que Leila Schuster aparece, os problemas como que por encanto se evaporam. Ela chega e pede um pão de queijo. Gandini pede outro e me oferece. Ele é o homem que mais acreditou no nome de Amaury Junior, mantendo um contrato de mais de uma década com seu programa.

Diz Gandini:

"Os concorrentes das outras televisões às vezes falam: 'O Amaury dá traço [jargão que se usa no meio televisivo quando o Ibope de uma atração não chega a alcançar um ponto de audiência]. O quê? Você anuncia no Amaury, cê tá louco?' Eu particularmente acho que tem alguma coisa errada com essa história de Ibope. Porque uma coisa não dá para negar. Eu chego em casa e o porteiro fala: 'Oi, Gandini, te vi no Amaury.' Apareço na empresa e, do vendedor ao atendente: 'Ô, meu amigooo presidente, vimos você ontem na TV.' Amaury pega o público das classes AA até a D. É impressionante, todos acabam vendo. Dia desses, eu entrei no shopping Iguatemi e veio uma senhora de mais de oitenta anos: 'Oi, seu Gandini, me dá licença, o senhor não me conhece, mas eu conheço o senhor do Amaury Jr.'. E me pediu um autógrafo. Um autógrafo meu! Por isso, nunca tive dúvidas em patrocinar seu programa. Ele é um comunicador que passa credibilidade em tudo o que fala. Tem muita gente por aí que não tem esse nível de credibilidade. As pessoas acreditam no que ele diz. Ele não é um fanfarrão nem uma pessoa desonesta. Pelo contrário. É muito fácil de lidar."

Gandini acorda às seis e meia da manhã, chega cedo em seu escritório — que fica em Itu, a cem quilômetros de São Paulo, onde mora — e dorme antes das onze da noite. Tinha o hábito de programar o despertador para tocar à meia-noite e meia, quando sabia que apareceria a cobertura de algum evento da Kia no programa de

Amaury. Na maioria das vezes não despertava. Mas, numa noite insone, ligou no programa do amigo.

"Um dia, fui deitar e não conseguia dormir. Estava estressado, liguei a TV para relaxar e lá estava o Amaury Junior no Castelo de Caras, entrevistando vários nomes. No fim, passou a Leila Schuster. Não sabia da existência dela. Prestei atenção naquela entrevista e me interessei, a Leila é uma mulher muito bonita, fala bem. Fiquei assistindo. Eu estava separado. A última pergunta do Amaury foi: 'Leila, e aí, você está separada mesmo?' Ela falou: 'Tô, estou separada há três meses.' Eu gostei da entrevista, gostei da figura. No dia seguinte, liguei pro Amaury. 'Amaury, pô, me arruma o telefone dessa mulher. Essa mulher é maravilhosa.' Ele falou que não tinha, que ia arrumar — mas nunca arrumou. Num jantar, meses depois, estávamos tomando vinho eu, Gisele Fraga, Oscar Magrini e Raul Gil, todos acompanhados, menos eu. A Gisele vira e fala: 'Vou te arrumar uma namorada.' Falei que não queria. Ela insistiu. Eu respondi: 'Não quero porque estou apaixonado pela Leila Schuster.' Ela falou: 'Você está brincando? A Leila é minha amiga.' Passaram-se vários dias, eu estava trabalhando, superconcentrado, e a Gisele me ligou dizendo que tinha uma pessoa que queria falar comigo. Era a Luiza Brunet. Falei que ia fazer um evento na Bahia e a convidei. Ela disse que estaria fora do Brasil e que iria passar a ligação para outra pessoa. Entrou na linha a Leila. E aí as coisas aconteceram. Em um ano casamos, e meus padrinhos de casamento foram Gisele, pela força, e Amaury, por ter me apresentado sem querer à minha mulher em seu programa."

ESSE É AMAURY JUNIOR:

"Quando Amaury chegou a São Paulo para trabalhar na TV Tupi, eu era diretor de comunicação da emissora. Eu tinha vinte anos. Certa vez, esbarrei com um menino jovem e magrinho nos corredores. Ele se apresentou: 'Eu sou o Amaury'. Respondi: 'Eu sou o João Doria, o que você faz aqui?'. Ele falou que estava a trabalho e acabara de chegar. Deixei meu cartão e começamos ali uma amizade de 37 anos. É uma história longa de vida. Quando ele assinou a coluna *Gentíssima* no *Diário Popular*, meu irmão Raul Doria começou a colaborar porque ele queria algo mais jovem. Nesse período, no jornal, ele ficava muito bravo com um erro que as pessoas faziam com frequência na máquina de escrever: escreviam Amaury com I. Ele gritava: 'Eu sou o Amaury com Y'. Desde então, eu o chamo de Amaury com Y. 'Olha, lá vem o Y'. Tenho enorme admiração pelo Amaury. Ele é uma referência na TV brasileira. Repórter social não existia. Ele introduziu. Você até tinha um colunista falando sobre a sociedade, como o Ibrahim Sued, mas era algo rápido e frio. Amaury trouxe a figura do repórter social, foi inovador, trouxe vida e mobilidade a esse segmento da TV. E continua até hoje, é uma fórmula milagrosa. Ele faz parte da minha intimidade. Celina se tornou amiga da minha esposa, Bia. Quando vai para Campos do Jordão, ele fica em casa. Lá, ele tem um prazer mórbido em desarrumar, desarranjar toda a mesa, para me irritar, já que sou organizado ao extremo na vida e não gosto de nada fora do lugar. É uma figura adorável, divertida, perspicaz. Só não acredito na idade dele. Ele diz que tem sessenta e poucos. Mentira. Nos últimos vinte anos, ele passou a decrescer a idade."

João Doria Jr., empresário

18 OS AMAURYS GENÉRICOS: SIM, A VIDA DELES É DOCE TAMBÉM

No lançamento de um de seus livros, o humorista Chico Anysio interrompeu Amaury Junior no momento da gravação da entrevista:

— Amaury, antes de responder sua pergunta, deixa eu falar uma coisa: onde eu circulo por este país, seja qual for o estado, repórteres e apresentadores locais vêm até mim para pedir uma entrevista. Quando pergunto qual o programa deles, eles respondem: "É tipo o Amaury Junior." Quero dar os parabéns por ter criado tantos apresentadores.

Desde a criação do *Flash* na Gazeta e, mais precisamente, com a popularidade na Band, Amaury criou centenas de "Amaurys Juniors" genéricos pelo país. É possível afirmar que toda cidade média e grande possui um colunista social eletrônico para chamar de seu. São profissionais que noticiam o vestidinho das moças, elogiam o uísque ou o champanhe dos ricaços e circulam pelas festas e eventos de todo o país. "Quando alguém quer me apresentar ou mesmo quando eu quero me apresentar para alguém de fora, eu já adianto: 'Sou o Amaury Jr. do Paraná'. Essa apresentação me abre portas", diz o paranaense Reinaldo Bessa, de 58 anos, responsável pela principal coluna social de Curitiba publicada no jornal *Gazeta do Povo* e comandar um programa semanal aos sábados nos moldes de seu inspirador.

Ser "Amaury genérico" traz uma série de benefícios. Eles são requisitadíssimos, recebem presentes e uma vida de benesses. Comem de graça em restaurantes de luxo e viajam a convite de empresas e personalidades. Em Curitiba, um grupo de endinheirados da cidade intitulado como *jet set* se reúne anualmente para viagens ao exterior. Eles recrutam o colunista Bessa e mais um integrante de sua equipe para registrar todo o passeio e mostrá-lo aos poucos, durante o mês, em seu programa e na coluna social do jornal. Jornalista há 38 anos — já foi inclusive repórter de rua na RPC, afiliada da Rede Globo no Paraná —, Reinaldo sugeriu a um diretor de uma emissora regional, nos anos 1980, fazer na cidade um programa no estilo de Amaury. Em 1998, lançava o *Jet Set*. O jornalista diz que frequenta quatro eventos por semana. Sai da redação, passa em casa para trocar de roupa e pegar um táxi. "Me sinto perdido em um dia sem evento." No segundo semestre de 2015, viajou para Israel a convite do Ministério de Turismo do país. "É uma vida sem monotonia", diz.

Muitos desses "genéricos" têm salários pouco chamativos — entre cinco e quinze mil reais —, mas se fartam com os mimos que aparecem. Em alguns casos, ganham de presente a decoração de suas casas, móveis e roupas de grifes. Em uma reportagem de 2001, Daniela Pinheiro destrinchou o trabalho dos colunistas locais para a revista *Veja*:

> *Em cidades menores, um colunista social pode ter tanto poder quanto uma autoridade, ou até mais. "As primeiras-damas passam. Elvira Raulino fica", costuma proclamar a própria, que há*

quarenta anos faz tremer o Piauí com suas notícias. Elvira diz que manda e desmanda na sociedade local. "Ninguém me derruba. Eu é que boto pra cima ou enterro uma pessoa em cinco minutos", afirma a colunista. Essa rede de popularidade e poder fez com que Elvira fosse eleita prefeita de Altos, município de 40.000 habitantes a 40 quilômetros de Teresina (onde, aliás, ela continua morando). Dentre as facilidades que o metiê lhe proporcionou, ela cita o fato de ter viajado 52 vezes para o exterior, quase metade delas a convite de Wagner Canhedo, o enrolado dono da Vasp, vira e mexe citado na coluna. "Eu adoro esse homem", derrete-se.

Lembrancinhas, presentes e agrados são praticamente inevitáveis na órbita dos colunistas que ainda circulam à margem das regras do jornalismo moderno, um universo no qual é impensável esse tipo de relacionamento. Quando os dois sistemas se cruzam, há um choque de mundos. Saída do jornalismo político para o comando da coluna da Folha de S.Paulo, Mônica Bergamo precisou explicitar as novas regras, obviamente nos termos mais polidos possíveis. Gentilmente presenteada por Fabrizio Fasano, dono de um dos restaurantes mais caros de São Paulo, com uma garrafa de vinho de 1.000 reais, ela contou à direção do jornal que, para evitar constrangimentos, bancou uma retribuição à altura: os dois alentados tomos do Dicionário das Famílias Brasileiras. O problema é que Fasano gostou da retribuição, a ponto de prontamente insinuar uma tréplica: mandar-lhe uma caixa de vinhos. "Seu Fabrizio, se o senhor me der mais um presente, eu vou ter de dar outro e mais outro, e acabo na falência", implorou Mônica.

Nunca mais trocaram agrados. A colunista, que trabalha catorze horas por dia, com dois colaboradores, para reunir um misto de notícias exclusivas de política e economia com notas mundanas sobre desfiles de moda e separação de artistas, reconhece *que não é fácil driblar as gentilezas. Neste ano, por exemplo, ao dar à luz sua primeira filha, recebeu na maternidade visitinhas do então presidente do Congresso, Jader Barbalho, e da ex-primeira-dama de São Paulo Nicéa Pitta, esta levando um chinelinho antiderrapante de presente. "Acho que eles querem agradar. É muito difícil explicar que não é esse o caminho", diz Mônica.*

O sistema de troca de favores no colunismo social, embora eticamente suspeito, costuma ser inócuo. A pessoa interessada oferece algum tipo de benesse para aparecer na coluna, por desejo de prestígio ou interesse comercial; o colunista faz-lhe a vontade e o leitor não perde nada em saber que o doutor fulano está comemorando o aniversário de sua bem-sucedida empresa ou a senhora sicrana voltou de Miami carregada de novidades para sua butique. Esses são, evidentemente, exemplos caricaturais. A teia de interesses mútuos não precisa ser tão primária. E, apesar de todas as compensações, trabalho de colunista social tem, sim, suas durezas. "Engana-se quem pensa que ir a festas todos os dias é algo agradável", diz Hildegard Angel, de O Globo. Se ela, que ocupa o centro do Olimpo dos colunistas e ostenta uma recente coleção de furos invejáveis, dá um duro danado, imagine os coleguinhas da periferia.

"Vou até a lançamento de coleirinha de cachorro e batizado de boneca", brinca o paranaense Nemécio Müller, 45 anos, da Gazeta do Paraná. Müller, uma flor de pessoa, que se veste em tons pastel e tem os cílios mais arqueados do Paraná, é adorado pelas socialites locais. "Ele é tudo", diz a noticiadíssima joalheira Celine Geara, que num impulso de admiração incontida o presenteou com dois anéis cravejados de brilhantes, avaliados em dez mil reais. "Sinto muito, mas acho uma falta de educação devolver presente. Cada um dá o que pode", pontifica Müller.

A dupla de colunáveis cariocas André Ramos e Bruno Chate-aubriand, praticamente profissionais do ramo da autopromoção, dá presentinhos e viagens. No ano passado, os dois convidaram um grupo de colunistas de diversas cidades para o aniversário de Chateaubriand no Rio de Janeiro, com direito a suíte no Copacabana Palace, almoços e jantares. "Quando voltei, noticiei em detalhes. É uma forma de o pessoal daqui ter ideia do que é a noite do Rio", conta Hilneth Correia, 51 anos, autoproclamada "embaixatriz de Natal", pelo tanto que circula em festas fora de seu domínio, a capital do Rio Grande do Norte. "Viagens são, sem dúvida, o que colunista mais gosta. Internacionais, então, nem se fala", suspira Alex Palhano, colunista do jornal O Imparcial, de São Luís. Destas, as mais disputadas são as organizadas pelo banqueiro paulista Edemar Cid Ferreira, ativo divulgador das artes brasileiras e de si próprio.

Cada vez que uma exposição abre lá fora, Ferreira monta uma das cobiçadas "Caravanas Holiday". Há duas semanas, para a inauguração da exposição Brazil: Body & Soul, no Museu Guggenheim de Nova York, seguida de outra sobre a Amazônia, em Londres, a BrasilConnects, empresa de Ferreira, informava serem dez os jornalistas convidados, com todas as despesas pagas, aí incluídas as diárias no Park Lane Hotel (200 dólares) e no Kingston Hotel (250 dólares).

O colunista do jornal A Gazeta, de Cuiabá, Fernando Baracat, 41 anos, passa vários dias por mês fora da cidade, engrossando a lista de convidados de badalos sociais do Nordeste ao Sul do país. "Tenho um acordo com a TAM: eles me fornecem passagens, e eu sempre noticio a companhia", diz, com encantadora franqueza. Na semana passada, Baracat promoveu a badaladíssima festa de aniversário de sua coluna. Na ocasião, mil pessoas consumiram

350 garrafas de prosecco e 150 litros de uísque ("Em Cuiabá a gente só bebe doze anos", esclarece), custeados por empresários locais devidamente retratados e citados a semana inteira nas notas que a festança rendeu. Em Rio Verde, interior de Goiás, o colunista social Wellington Tibeira escreve na Folha do Sudoeste e na revista Society e ainda tem um programa de TV, em que anuncia as festas da semana num raio de 100 quilômetros. De origem modesta, ele diz que venceu na vida como colunista porque sempre adorou "vida de rico". "Eu amo festa. Colunista não vive sem luxo", declara, numa espécie de resumo da filosofia de vida da categoria.

19 CELINA, A "TCHELLA"

Em uma tarde na produtora, no bairro dos Jardins, em São Paulo:

— Tchella, o Bruno quer saber se tive muitas namoradas durante o meu casamento.

Celina ri, com um sorriso nos lábios que lhe é comum, mas responde na lata:

— Nesses quarenta anos, eu sempre deixei claro: se quiser ir, pode ir.

— Falei para ele que passo uma vontade! Eu já propus para ela: posso sair três dias e voltar? Recebi um "não".

— A porta sempre esteve aberta. Mas eu sempre avisei: saiu, não volta mais.

O ENCONTRO

Aos dezoito anos, filha de um brasileiro com uma italiana, Celina era estudante da Faculdade de Filosofia, Ciências e Letras de Catanduva. Fundada em 1918, hoje com 118 mil habitantes, Catanduva é conhecida pelo curioso título de capital nacional dos ventiladores e do basquete feminino. Na época, era famosa também por concentrar os principais cursos da área de Humanas, enquanto sua vizinha, São José do Rio Preto, ficava com as faculdades mais conhecidas de Direito e Engenharia. Ambas as cidades tinham então tamanho parecido e, portanto, uma rixa. Mas a disputa já foi desfeita há um bom tempo, porque Catanduva parou no tempo e Rio Preto deslanchou.

Nos primeiros dias de faculdade, sentou-se ao lado de Celina uma jovem chamada Cecília Alejo, vinda de São José do Rio Preto. Era muito bonita, vestia os melhores trajes da faculdade e era filha de um advogado famoso de sua cidade natal. Ficaram amigas. Tão próximas que Cecília passou a se hospedar com a nova amiga nos fins de semana, cansada de pegar a estrada todo sábado para voltar para casa. Como retribuição à gentileza de Celina e sua família, Cecília fez um convite no meio do ano, prestes a sair em férias:

—Vamos para Rio Preto?

Acontecia naquele período uma famosa festa de agropecuária anual em Rio Preto, com uma programação extensa de eventos. "Era muito conhecida e vinha gente de todo lugar do Brasil, muitos da cidade de São Paulo e do Paraná. Tinha muita mulher também. Todas querendo arrumar marido. Tem certas coisas que não mudam nunca", diz Celina. As duas chegaram num sábado e, à noite, antes de entrar na festa, foram para o *point* da cidade, o lugar onde os jovens se preparavam para a noitada: o bar da Rádio Independência, do publicitário Júlio Cosi. As instalações da rádio (onde era o bar) e o Automóvel Clube ficavam num prédio grande da rua Bernardino Campos. Enquanto esperavam o elevador para subir para o bar, as amigas esbarraram com um funcionário da rádio: Amaury Junior, que era amigo de infância de Cecília Alejo.

— Oi, Amaury, essa é a minha amiga Celina, de Catanduva.

Amaury tinha 21 anos, estava solteiro e fazia questão de divulgar seu estado civil. Queria festa, noite, conhecer gente nova em cada esquina. Se houve algum *feeling* ao ver Celina pela primeira vez naquele elevador? "Eu sei o que você quer ouvir. Que eu me apaixonei instantaneamente, que eu 'sabia que ela era a mulher da minha vida'. Não. Nada disso. Eu queria comer, não queria namorar, fui para cima para comer."

Nada rolou naquele primeiro dia de encontro. Após a apresentação no elevador, Celina, Cecília e mais um amigo foram para o clube onde aconteceria a balada, enquanto Amaury foi trabalhar na rádio. No meio da noite, Amaury apareceu no clube. Chegou cumprimentando todos. Sentou-se para conversar com as duas, mas não prolongou o papo. Estava chateado com Cecília, porque cismou que ela tinha feito sua caveira para a amiga com o argumento de que a fama de Amaury era péssima para relacionamentos, uma espécie de "pega, mas não se apega". Celina ainda sabia pouco sobre o futuro marido: "Sabia que tinha um programa de rádio e assinava uma coluna no jornal que agitava a cidade. Mas não fazia muita ideia da extensão da sua popularidade em Rio Preto: por onde ele passava, todos o conheciam e o cumprimentavam", conta.

No dia seguinte, Amaury apareceu na casa de Cecília, onde Celina estava hospedada. Estava um tanto diferente, mais atento, mais interessado, mais focado. Pela primeira vez, os dois conversaram longamente. Mas, tão logo anoiteceu, Celina voltou para Catanduva.

A programação de eventos do Automóvel Clube não parava, e a noite de Rio Preto era muito mais interessante que a da cidade vizinha. Celina e a amiga estavam novamente na cidade. Em uma das festas no clube, o jovem Amaury entrou no salão e, ao ouvir uma música lenta, puxou Celina para dançar. "Dei a mão, ela levantou, dançamos no meio do salão e ali comecei a me aproximar dela, a abraçar...", lembra Amaury. "Ele me pegou de jeito nessa noite. Era firme ao me pegar, tão firme que teve uma mão descendo demais. Resolvi parar", lembra Celina.

O primeiro beijo aconteceu dias depois da dança, dentro do carro, em Rio Preto. No banco da frente, Cecília estava com o namorado Mardegan Carlos. Amaury e Celina estavam atrás. Até que ele a beijou. "Não foi um beeeeeeeijo, foi apenas um beijo. Bom. Me deixou na vontade", lembra Celina.

A relação começava a evoluir. Celina foi a uma festa em Barretos com uma turma de amigos da cidade. Amaury descobriu. Pegou o carro, foi até lá e, assim que entrou no salão, viu Celina conversando com um "baixinho" (que, tarde demais, descobriu ser apenas um amigo da namorada). No meio do evento, ouviu-se um grito em direção aos dois: "Vai tomar no cu!" Celina parou a conversa, viu Amaury e não acreditou naquela reação. Aquela crise de ciúme não combinava com o rapaz popular da cidade, que não queria compromisso com ninguém e era paparicado por todas as pessoas, de todas as idades. Durante o caminho de volta para casa, no carro, pensou na atitude: "Ih, o que está acontecendo? Tem algo sério aí."

O NAMORO

Não demorou dois meses para o namoro engatar. Amaury passou a ir com frequência para Catanduva. "Fazia em quinze ou vinte minutos aquele trajeto de 58 quilômetros. Não sei como não morri naquela estrada." Ele esperava Celina em frente à faculdade, passavam algumas horas juntos e ele voltava à noite para Rio Preto.

Alguém, nesse período, foi buzinar no ouvido da mãe de Celina, que por sua vez foi buzinar para a filha: "Cuidado com esse cara. É o maior namorador de Rio Preto. Não quer saber de nada." Celina sabia dessa fama, mas percebeu que algo poderia ter mudado em relação ao comportamento de Amaury com as mulheres. Diz Amaury:

"A gente não tinha muita certeza se ia engrenar. Eu tinha uma coluna diária, tinha de faturar, fazia faculdade de Direito. Acabara de abrir um escritório de advocacia com o João Roberto Curt — que não passou de um mês, mas deixou meu pai feliz. A distância pesou e eu estava com uma vida estabelecida como jornalista. Mas as coisas foram acontecendo e ficando cada vez mais sérias."

Em uma festa que estava cobrindo para o jornal, Amaury sentou-se ao lado de um advogado famoso da cidade e sua mulher. O advogado era leitor assíduo de sua coluna. Mas o colunista não queria saber de trabalhar: queria era desabafar. Explicou sua situação: pela primeira vez, levava a sério uma mulher, mas a distância era um empecilho. "Ela fica na minha casa", disse a esposa do advogado, dona Mafalda.

Dona Mafalda tinha duas filhas que moravam em São Paulo e uma casa espaçosa, aconchegante, que vivia em festa. Celina passou a frequentar a casa e a ir com frequência para Rio Preto. Como a mãe não permitia em hipótese nenhuma que ela dormisse na casa do namorado, Celina passou a ficar na casa de Mafalda. "Eu virei meio que filha dela. Eles até me chamavam de Tchella."

Foi Mafalda quem ligou para a mãe de Celina para convencê-la a deixar a menina ir até o Paraguai com ela, numa viagem de compras. "Teve uma época, nos anos 1970, que o Paraguai era o máximo, a cidade de Asunción era um luxo. O porto era livre e tudo o que tinha de importado estava em Asunción. Todo mundo queria estar lá, e nós fomos." A mãe não queria deixar a filha viajar. "Tinha aquela ideia antiga de que eu estava comendo a filha dela e, por isso, não ia facilitar", diz Amaury. Mafalda interveio por telefone: "Pode deixar ela ir, porque ela vai dormir comigo." Pedido aceito na hora. Colaborou com a aprovação o fato de um padre da região — responsável por liderar uma comunidade de crianças e obras sociais, nome importante de Rio Preto — acompanhar a excursão.

Durante a viagem, um guia virou piada. Era a primeira vez dele na função e o rapaz não tinha nenhum assunto a acrescentar quando abria a boca. "Ele falava: 'Senhores e senhoras, à direita, vacas pastando. À esquerda, árvores frondosas'. Pensei: 'Não é possível. Não sabe porra nenhuma!'. Foi uma viagem divertida", lembra Amaury. "E adivinha com quem eu dormi? Com o padre. Só de raiva comprei duzentas caixas de lança-perfume."

O CASAMENTO

Foram quatro anos de namoro até chegar o dia 25 de setembro de 1974.

Celina tinha o sonho de se casar na capela de um colégio famoso, onde estudou, em Catanduva. O padre fez cara feia, alegou que a capela não poderia ser usada e marcou a data do casório para uma igreja próxima, com uma condição: que a cerimônia começasse impreterivelmente às sete e meia da noite. Negócio fechado.

Foram convidadas quatrocentas pessoas, e boa parte delas estava na igreja no horário marcado. Era uma grande festa, que agitou os salões de beleza e lojas de aluguel de roupas da região. A noiva Celina foi para São Paulo comprar o vestido na Casa Vogue, conceituada loja da capital.

O carro que trazia Celina estacionou na porta da igreja minutos antes das sete e meia da noite. Suas duas irmãs estavam com ela, para acalmar a tensão da noiva. Antes que a porta do carro fosse aberta, porém, Celina recebeu um aviso: "Espera. Os pais do noivo não chegaram."

"Não chegaram? Onde estão?" Amaury começou a suar em bicas fora da igreja. Centenas de pessoas aguardavam dentro do lugar, sua futura esposa estava dentro do carro, também ansiosa e apavorada com o motivo do atraso dos sogros, e um agoniado padre começava a fazer ameaças. "Eu falei que só faria às sete e meia. Esse era o limite. Não faço o casamento depois disso." As irmãs saíram do carro para discutir com o padre. Pediram mais calma, porque os pais de Amaury estavam prestes a chegar. O noivo, coitado, ficava mais nervoso a cada minuto que passava. Nessa hora, pensou no pior. "Achava que eles haviam se acidentado na estrada." Amaury foi com um tio telefonar para a Polícia Rodoviária, para ver se havia notícias de algum acidente com um casal a bordo de um Fusca. Passava das 20h20 quando alguém avisou: "Chegaram."

O motivo de tanta aflição: num dos dias mais importantes na vida de um pai e uma mãe, cadê a chave do carro? O casal, vestido e pronto para embarcar, não sabia onde havia colocado a tal da chave, e demorou uma hora até encontrá-la.

O padre casou Amaury e Celina, o noivo beijou a noiva e a festa estava para começar.

A festa foi boa, Amaury? "Não sei. Eu estava preocupado em arrecadar dinheiro."

O dinheiro era para uma boa causa: uma lua de mel decente. O casal planejou uma viagem para o Rio de Janeiro, com paradas por cidades do litoral paulista e carioca pela estrada Rio–Santos, num período em que ela não estava completa. Amaury abandonou seu Interlagos para comprar uma novidade do momento, lançada pela Volkswagen: um SP2. Os carros esportivos eram escassos no Brasil dos anos 1970. Resumiam-se ao Karmann-Ghia, da Volks, ou modelos independentes, como o Puma. Nesse cenário, a Volks criou um carro esportivo totalmente brasileiro chamado projeto SP, que daria origem ao SP1 e ao SP2. O SP2 de Amaury foi o primeiro entregue no país, direto da Rio Preto Motors, uma das maiores revendedoras de carros do país. Por onde Amaury andava com o novo carro, enchia de gente para olhar. Em uma das paradas, ele quis se exibir, baixou os vidros da janela, aumentou a música e, lentamente, rodou por uma avenida central — até perceber que o carro tinha atolado. "Resolvi fazer bonito, como naquelas cenas de filme, com o vento batendo no meu rosto, e o carro afundou. Tive de pegar uns pescadores para me ajudar a empurrar."

Na parada de Ilha Bela, um revés: ao voltar de um mercadinho, Amaury esqueceu em cima do carro uma bolsa pequena onde estavam todos os cheques arrecadados no casamento, uma quantia considerável para pagar as despesas da viagem. Entrou, acelerou sem perceber e a bolsa voou pela rua. Andou alguns quilômetros até um carro da Polícia Rodoviária fazer sinal de alerta. Surpreso, Amaury parou e recebeu de volta a bolsa com a bufunfa — generosidade de uma mulher que havia visto a cena no mercadinho e entregado o tesouro à polícia.

Com uma máquina fotográfica pendurada no pescoço de Amaury, cada parada era um flash. Amaury parou na estrada para tirar fotos com acessórios indígenas. Celina fazia charme na praia com um olhar apaixonado. E o mais chamativo do álbum de fotografias da lua de mel do casal era a barriguinha definida de Celina. "Barriguinha, não. Que barriguinha? Isso é um tanque", intervém Amaury.

A FORÇA DA MULHER

"Muitos perguntam qual é o segredo da longevidade de um casamento. Nosso casamento tem quarenta anos e dá certo porque ele foi indo, sem planejamento, aos poucos foi dando certo", diz Celina. "É claro que, durante todo esse tempo, é preciso ter um brejo do lado de casa para engolir muito sapo."

Amaury e Celina têm uma boa convivência. Ele sabe que tem nela um braço direito infalível que já o apoiou, levantou-o e fez muitos de seus projetos darem certo. Depois de se casar, ela passou a trabalhar diretamente para ele, ainda na redação do *Diário da Região*. Era sua secretária e assessora. Seu trabalho era basicamente ligar para todas as fontes e perguntar o que havia de novidade. Durante todo o tempo, até hoje, ela pensa em negócios com o marido e vê oportunidades que, muitas vezes, não estão no radar do apresentador.

Por exemplo, nas festas de fim de ano na casa em Orlando, no estado americano da Flórida, Celina sugeriu que Amaury começasse a dar mais atenção às redes sociais — postar fotos de sua intimidade, falar dos entrevistados e mostrar imagens antigas de personalidades que passaram por seu programa. Ele hesitou inicialmente, disse que ninguém estaria interessado em sua intimidade. "Vamos fazer um teste? Vá embaixo dessa árvore de Natal e abrace sua neta como se fosse para uma foto particular." Amaury fez exatamente o que ela pediu. Feito o *upload* da foto na rede social Instagram, foram registradas quinhentas curtidas em pouquíssimos minutos. A partir daí, Celina percebeu que as redes sociais fariam parte de seu trabalho. Alimentá-las aproximaria Amaury de seu público, faria barulho (a foto em preto e branco com Ana Maria Braga no Carnaval de Rio Preto, em décadas passadas, repercutiu durante um dia inteiro nos principais sites) e aumentaria sua influência com possíveis patrocinadores. O filho do casal, atualmente, tem feito reuniões com o Google para abrir um canal no YouTube com seu nome para promover entrevistas antigas e pensar em conteúdos inéditos.

A vida sexual do casal foi levantada numa entrevista para a revista *Playboy,* de junho de 2015: "Eu tomo Viagra para caralho. Estou falando sério. O meu médico é o Miguel Srougi, o maior urologista do Brasil. Minha próstata está em ordem e ele me recomenda aquele Viagra diário. É o Cialis. É um por dia e pronto." Mas precisa? "Olha, depende do dia, da circunstância, se o ar-condicionado está gostoso, depende do estímulo. Como todo mundo. De vez em quando tomava um para ter um prazer máximo, legal. Sou muito mais seguro no sexo hoje do que quando eu tinha 25 anos. Aos 25, na minha época, você tinha muita insegurança. Sexualmente estou bem ainda. Estou muito bem, ficando melhor."

Quando era dono da boate Pops, em Rio Preto, o casal tinha um fetiche nos dias de semana: Amaury pagava um extra para um cozinheiro, cuja missão era fazer um almoço ou jantar para os dois. Ele colocava um dos rolos de música da balada — tinha o romântico ou o hot — e eles comiam e faziam sexo a tarde toda dentro da Pops.

Brigas surgem com certa frequência. Inclusive durante a apuração deste assunto com o casal, na varanda de seu apartamento. O assunto começa quando Amaury faz uma piada sobre um amigo: "O Ciro Batelli, tempos atrás, começou a namorar uma menina de 21 anos. Ele tinha 73. Todos os amigos falaram a mesma coisa: 'Você é um puta de um tarado'. Ele olhou para gente e disse: 'Tarados são vocês que comem a mesma mulher há quarenta anos'", conta, gargalhando.

Para Celina, ser casada com um homem que trabalha há décadas na noite, cobrindo festas, não é fácil. "A mulherada... Sabe como é, não interessa se o homem é casado, se não é", conta. "Minha mulher mandou muita repórter embora", diz Amaury. E ela não nega: "Mando mesmo. Sempre tem umas paraquedistas. Em festas, eu sei que tem mulher que vai lá é para jantar o apresentador, não para jantar a comida." Mas o marido logo a tranquiliza: "Toda mulher que se insinua profundamente para mim, incluindo as amigas da minha filha, eu conto." E a esposa continua: "Sabe o que eu falo para ele? Se ele fosse o porteiro deste prédio, ninguém ia querer." A frase de Celina faz o semblante e o tom de Amaury mudarem: "Ah, meu bem, mas essa é uma relação tão idiota. Que conversa é essa? Eu sou tão pouco interessante que todo mundo só quer o dinheiro?" Celina não recua: "Mas o que atrai primeiro de tudo?" Amaury tenta argumentar: "Eu vejo amigos meus com lindas mulheres e não tem nada a ver. Você quer falar que a minha posição, de estar exposto, com um programa diário na TV aberta, é o único fator? Quer dizer que não sou um cara interessante?"

O autor deste livro tentou mudar de assunto, mas logo percebeu que, em questão de minutos, o casal tinha esquecido a discussão que esquentara os ânimos. Minutos depois, Amaury voltou à questão: "É um conflito que eu tenho. Desde os catorze anos, eu faço a mesma coisa, sou colunista social, sou paparicado por tudo e todos, tenho muitas benesses, mas me acho pouco interessante. Acho que só por causa da minha posição, só ela, que eu me torno interessante. É um conflito meu para divã de psicanalista."

20 O DEMÔNIO DA DEPRESSÃO

Uma cidade do interior do Canadá promove anualmente um espetáculo que é propagandeado como "o maior show ao ar livre do mundo". Com 110 mil habitantes, a cidade de Calgary para com o Calgary Stampede. A principal atração é a luta dos cowboys para se manterem sobre os touros, com prêmios superiores a dois milhões de dólares. Algumas das estrelas da Festa do Peão de Boiadeiros, de Barretos, no interior paulista, estiveram lá, como o competidor Renato Nunes e o paulista Adriano Moraes, vencedor da edição de 2008. A festa, que dura dez dias, inclui uma feira agropecuária, um cassino com seiscentas máquinas caça-níqueis, um parque de diversões, shows variados e uma praça de alimentação gigante que serve comida padrão cowboy, gordurosa e pesada — por exemplo, um prato de carne picadinha coberta por sorvete com cereja, e, de sobremesa, um biscoito Negresco empanado e frito.

Aproveitando o evento festivo que movimenta o país em julho, o governo canadense contratou o programa de Amaury Junior para divulgar as belezas e curiosidades do país. Uma equipe de oito pessoas começou por Toronto até chegar a Calgary e fixar acampamento no Stampede Park, local do rodeio.

Em viagens ao exterior a trabalho, Amaury costuma ser o mais ativo e empolgado dos profissionais. Por ser uma operação cara, que ultrapassa um milhão de reais, entre cachês e despesas, o apresentador quer aproveitar cada minuto para ter opções de gravações com dois objetivos: fazer um bom programa para o espectador, com imagens e entrevistas que o surpreendam, e agradar seu cliente final. Os almoços são rápidos, para ninguém perder tempo. A equipe, composta de integrantes dos trinta aos quarenta anos, já sabe que ele não quer moleza e fica bravo quando alguém faz cara de cansado.

Esse astral se manteve em Toronto. Mas mudou quando chegaram a Calgary. No aeroporto, foram todos acolhidos por uma comissão de organizadores, que entregaram chapéu e um diploma de cidadão honorário da cidade a Amaury. O apresentador recebeu as homenagens com sorriso no rosto, mas já não se viam nele a alegria e o entusiasmo habituais.

Foi no desfile de abertura que as coisas começaram a ficar preocupantes. Transmitida ao vivo pela televisão, a parada inicial concentra 170 delegações de países, patrocinadores ou associações locais, que desfilam por duas das principais ruas da cidade. A organização do rodeio montou um carro especial para homenagear Amaury na delegação brasileira. O apresentador, no entanto, recusou-se a participar. Não queria de jeito nenhum. A equipe tentou convencê-lo da importância de ter imagens boas, que o mostrassem sendo homenageado em outro país. Não teve jeito.

No dia seguinte, uma feira livre foi montada na rua principal de Calgary e mesas foram expostas com comidas, muitas feitas na chapa. É uma tradição local. Mas Amaury achou bobagem fazer qualquer passagem ou referência sobre essa tradição. Acabou convencido e gravou a apresentação do programa usando óculos escuros:

"Nós estamos em Calgary, no Canadá. O que viemos fazer primordialmente em Calgary? Viemos documentar essa festa que começa a partir de agora, que é o Stampede, um dos mais importantes, se não o mais importante rodeio do mundo. E sabe como começa, no primeiro dia, que é hoje? Começa com a tradição das panquecas. O café da manhã dos cowboys não é mais ou menos isso aqui, com as panquecas? Pois a municipalidade, a câmara do comércio e o turismo de Calgary oferecem aos visitantes e à cidade inteira, logo pela manhã — isso que é ter dinheiro —, panquecas gratuitamente. Formam-se filas intermináveis, e tem um séquito. As pessoas apanham suas panquecas e vão seguindo pelas seções, completando os pratos com os ingredientes."

Acabou a gravação, desligou-se a câmera e Celina, que ficaria ininterruptamente ao lado de Amaury nos meses seguintes, puxou o marido para o canto:

— O que está acontecendo?

Cansado, triste e desanimado, ele falou:

— Eu não estou com vontade.

E ali, o homem que é sinônimo de alegria, diversão e, sobretudo, festa tinha desaparecido. Celina já percebia o que iria enfrentar nos próximos meses. O marido estava com depressão.

O escritor e psicólogo americano Andrew Solomon usou sua própria luta contra a depressão para escrever um dos melhores tratados sobre o tema. Ele também entrevistou especialistas e usou relatos de pessoas que sofrem com a doença. Publicado em 2000, *O Demônio do Meio-Dia* (Companhia das Letras) foi um livro importante para que Amaury entendesse o que estava enfrentando. Eis como Solomon descreve a depressão em seu livro:

A depressão é a imperfeição no amor. Para poder amar, temos que ser capazes de nos desesperarmos ante as perdas, e a depressão é o mecanismo desse desespero. Quando ela chega, destrói o indivíduo e finalmente ofusca sua capacidade de dar ou receber afeição. Ela é a solidão dentro de nós que se torna manifesta e destrói não apenas a conexão com outros, mas também a capacidade de estar em paz consigo mesmo. Embora não previna contra a depressão, o amor é o que tranquiliza a mente e a protege de si mesma. Medicamentos e psicoterapia podem renovar essa proteção, tornando mais fácil amar e ser amado, e é por isso que funcionam. Quando estão bem, certas pessoas amam a si mesmas, algumas amam a outros, há quem ame o trabalho e quem ame Deus: qualquer uma dessas paixões pode oferecer o sentido vital de propósito, que é o oposto da depressão. O amor nos abandona de tempos em tempos, e nós abandonamos o amor. Na depressão, a falta de significado de cada empreendimento e de cada emoção, a falta de significado da própria vida se tornam evidentes. O único sentimento que resta nesse estado despido de amor é a insignificância.

"Eu estava desabado", diz Amaury. "Nada tinha mais sentido para mim. Se você soubesse o que eu pensava... Sabe quando tudo perde o valor? Algo me dizia que eu não poderia parar. 'Eu preciso trabalhar', eu pensava. Mas, ao mesmo tempo, só vinha o pensamento: 'Que merda de trabalho eu fui escolher, é ridículo'. É assim: como se eu tivesse caído de um abismo. 'O que estou fazendo aqui? Que merda de trabalho é esse?' Todos os valores que sempre considerei, dentro do tipo de jornalismo que escolhi fazer e sempre fiz muito bem, perderam todo o sentido. Depressão te conduz a isso. Dá uma introspecção que navega pelas suas profundezas, o que é algo muito perigoso."

Em seu depoimento, Amaury usa a expressão "à beira do abismo". Solomon explica: "Os depressivos usam a expressão 'à beira do abismo' o tempo todo para definir a passagem da dor para a loucura. Essa descrição muito física frequentemente inclui cair 'no abismo'. É estranho que tantas pessoas tenham um vocabulário tão consistente, porque a beira é realmente uma metáfora abstrata. Poucos de nós já ultrapassamos a beira de alguma coisa e, certamente, não caímos num abismo. O Grand Canyon? Um fiorde norueguês? Uma mina de diamante sul-africana? É difícil até encontrar um abismo no qual cair. Quando questionadas, as pessoas descrevem o abismo de modo muito consistente. Em primeiro lugar, é escuro. Você está se afastando do sol em direção a um lugar onde as sombras são negras. Dentro dele, você não consegue enxergar, e os perigos estão em toda parte (o abismo não tem nem fundo nem laterais macios). Enquanto você cai, não sabe o quão fundo pode chegar ou se poderia de alguma forma parar a queda. Esbarra com coisas invisíveis repetidamente, até ficar em frangalhos, e mesmo assim seu ambiente é instável demais para você se agarrar em qualquer coisa."

Ainda no pacote que incluía a ida ao Canadá, a equipe comercial de Amaury arrumou uma ação comercial de uma festa da Artefato, empresa que o contrata há anos, em Miami. Seria a inauguração da segunda loja da marca na cidade. "Só Deus sabe como fiz aquela festa. Acho que ninguém percebeu como eu estava. Aproveitei e ainda autografei um livro de restaurantes que eu havia lançado. Ali eu descobri uma faceta minha: sou um bom ator. Eu representava para as pessoas. Eles pagaram para ter a minha presença e minha obrigação era sorrir e entrevistar. Mas, por dentro, estava acabado."

Na volta para São Paulo, o apresentador se entregou. A rotina era o quarto do casal, com a luz apagada e, eventualmente, com a televisão ligada em um filme. "Eu não queria levantar da cama. A melhor coisa que tinha era ir para cama. Meu prazer era ficar ali sozinho, deitado." Os dias passavam e não havia sinal de melhora. "Foi quando passei a ter pensamentos suicidas. Deitava e pensava: 'Não quero mais acordar, quero morrer'. Só conseguia afastar esses pensamentos porque pensava na minha família."

Começou o périplo pelos médicos. "Hoje percebo que psiquiatra trabalha com num jogo de roleta. Põe o medicamento no número 32 para ver se dá certo, depois abaixa. Eles não sabem. Troquei de remédio umas quinze vezes."

Amaury já tivera experiências rápidas e mais leves de depressão no passado. Em 1998, durante a Copa do Mundo, chegou a ir para a Alemanha visitar um psiquiatra, que era casado com uma funcionária de sua produtora: "Eu me achava muito nervoso. Ele falou: 'Já sei o que você tem: aquela coisa que no interior se chamava 'nervoso por dentro". Eu dizia que era ansiedade, mas certamente era um parente próximo da depressão."

Dentro de casa, todos se desdobravam em tentativas. Celina convidava os dois filhos com as famílias para jantar, para ver se o marido se entusiasmava. Resultado nulo: Amaury se sentava à mesa e olhava para baixo enquanto todos conversavam. A bebida era uma escapada que trazia um conforto momentâneo. "Devo confessar que, quando bebia à noite, ficava bem. E o médico falava: 'Não beba. Isso faz você se sabotar'. Às vezes, tomava uma garrafa de vinho e achava que estava bem. Mas no dia seguinte toda a angústia e a tristeza voltavam."

Ele foi a um centro espírita, recebeu passes e chegou a fazer uma cirurgia espiritual. O apresentador credita sua melhora à ajuda de dois médicos. Descobriu um deles quando visitava uma amiga que estava hospitalizada. Uma das acompanhantes da paciente fez a indicação: "Eu sou a rainha da depressão, e quem sempre me ajuda é esse médico. Pode ligar." Deu o telefone do médico Walter

Feldman. Amaury também foi indicado a procurar a clínica do imunologista Alexandre Nowill, na Vila Nova Conceição, bairro de classe média alta em São Paulo. Diz Celina: "Um desses médicos que consultamos formulou a tese que, para mim, é a mais lógica: um dos motivos determinantes para se ter depressão é quando se está com a imunidade lá embaixo. É como uma orquestra: se você tem um flautista bem lá no fundo que está desafinando, ele vai afetar todo o conjunto. Quando se começa a pesquisar o assunto, vê-se que uma coisa puxa a outra. Fizemos uma viagem pelo Oriente, antes do Canadá. Passamos por Japão, Cingapura, China, com intermináveis horas de avião. Quando voltamos, ele adoeceu, pegou uma bactéria terrível." Em 2011, Amaury ficou internado na UTI do Hospital Sírio-Libanês, em São Paulo, por uma semana, com pneumonia. Complementa Amaury: "Andrew Salomon escreveu que, muitas vezes, o determinante para chegar à depressão é a imunidade muito baixa que causa uma doença como uma pneumonia — uma espécie de pré-depressão."

O médico Alexandre Nowill constatou que a imunidade de Amaury estava no chão. Receitou a ele compostos de minerais. Depois, incentivou-o a procurar uma recuperação e um tratamento na alma. "Acho ele meio esotérico, embora seja um grande pesquisador do tema. Esotéricas foram em minha casa, falaram que eu estava muito carregado e me ensinaram mantras importantíssimos. Diziam que, ao invés de odiar as pessoas que estavam me ofendendo, eu devia rezar por elas. Tem um exercício ótimo de você se encher de luz branca. Você fecha os olhos, se imagina todo de branco, introjeta luz branca em você, memoriza a pessoa que está odiando, manda luz para ela e fala seis palavras, entre elas 'amor', 'me perdoe', 'te amo'. Junto com esses mantras, tomava os sacos de medicamentos que o médico mandava. Minhas veias saltavam todas."

Numa manhã do segundo semestre de 2014, depois de quase um ano, Amaury acordou bem. Ainda não tinha a energia de sempre, mas falou para Celina: "Estou melhor." E essa melhora era crescente. "Geralmente há um fator preponderante que desencadeia a depressão, como a perda de um familiar ou do emprego. Eu não tinha nada, não tinha problema financeiro, eu estava bem com a família, com o emprego, com os amigos. Eu estava de bem com o mundo. O mundo é que ficou de mal comigo."

Celina esteve ao lado de Amaury em todos os momentos. Ao acordar, com uma série de compromissos de reuniões e gravações, ele dizia: "Eu não vou aguentar." Ela respondia: "Não pode, não dá para desanimar, não demonstre desânimo." Em um desses dias, ele ameaçou: "Vou largar tudo, não quero mais essa vida." Ela o enfrentou: "É isso que você quer? Então tá, mas eu quero ver você sem essa vida que construiu." Hoje, ela fala dessa estratégia de enfrentamento: "É muito duro. Eu acho assim, nessa hora, a gente vê que a pessoa está precisando de ajuda. Vai fazer o quê? Largar? Eu procurava médico, pedia indicação e não deixava ele se entregar mais. Por isso, quis que ele pusesse as coisas numa balança e visse se estava a fim de perder tudo o que conquistou."

É um desafio enorme acompanhar uma pessoa depressiva: "Não é triste, é desesperador. Sabe por quê? Porque você vê aquela pessoa com quem você se casou e sabe que ela não é daquele jeito. Você vive uma vida inteira e, de repente, olha e vê um estranho. Ele era um autista. Um cara que não se comunicava com ninguém. Sua rotina era dormir, levantar, comer, deitar de novo, sem trocar uma ideia, sem conversar."

Amaury ainda toma todas as manhãs sessenta miligramas do remédio que foi indicado para o tratamento da depressão.

21 BAILE DE CARNAVAL É TUDO

Podem ter certeza que o 0,1 de diferença entre a Beija-Flor e a Mangueira não foi a novidade desse Carnaval. Nem mesmo a novíssima iluminação da Marquês de Sapucaí. A novidade veio de São Paulo — para tristeza dos cariocas. Trata-se do jornalista Amaury Jr., que veio cobrir o Carnaval do Rio da mesma maneira simples e objetiva com que faz o seu programa diário, agora na TV Record ou onde estivesse nesses últimos mil anos. Sim, porque Amaury Jr. nasceu, como Raul Seixas, "há mil anos atrás", e está na frente do jornalismo informativo de entrevistas desde que nasceu!

(...)

Sempre me surpreendi com a maneira simples e direta de como Amaury Jr. se comporta nas entrevistas que faz com artistas, intelectuais, presidentes de empresas, donos de agências de publicidade, pessoal do society, gente do povo e até com jogadores e técnicos de futebol. Ele segue rigorosamente a Constituição brasileira: todos são iguais perante a lei. E a lei do Amaury é a maneira singela de seu comportamento como jornalista diante das câmeras. Parece que todos os entrevistados pertencem à mesma classe social. Sempre sorrindo, e o que é mais importante, sempre fazendo *perguntas como se soubesse, por antecipação, a vida de cada um, além de parecer conviver com intimidade, durante anos, com aquele pessoal todo.*

(Artigo do cineasta Nei Sroulevich com o título *Amaury Jr, a novidade*).

O Carnaval é geralmente o período de mais trabalho para os colunistas sociais. São muitos os bailes, diferentes temas e públicos com tipos diversos de personalidades. Os jornais e revistas muitas vezes aumentam o número de páginas para dar conta de tantas fofocas e notícias que correm pelos camarotes e salões. Uma das histórias mais notórias foi o clique do fotógrafo Marcelo Carnaval, em 1994, para o jornal *O Globo*, que registrou a modelo Lilian Ramos juntinho do presidente Itamar Franco. A campeã Imperatriz Leopoldinense foi ofuscada. Todo mundo só queria saber de Lilian.

Desde o início dos anos 1980, Amaury bate ponto nos bailes de Carnaval. Começou nas festas do Automóvel Clube de Rio Preto, em busca de notas para sua coluna no *Diário Popular*. Famoso na cidade, era sempre reconhecido no salão. Lembra Amaury: "Foi o baile que mais me marcou. Eram encantadores, maravilhosos, animadíssimos. E o que tinha de mulher bonita para lá e para cá... Sem falar do lança-perfume."

O líquido que vem em forma de spray e causa euforia apareceu pela primeira vez em 1904, no Carnaval do Rio de Janeiro. Rapidamente foi espalhado nos bailes carnavalescos do país e virou um símbolo da festa. O lança foi proibido no Brasil no governo de Jânio Quadros, por recomendação do apresentador Flávio Cavalcanti. Mesmo assim, anos depois ainda circulava pelos salões de São José do Rio Preto, escondidinho. Amaury adorava.

Em um desses carnavais, já como colunista, e nos plantões que o faziam correr pelos bailes da região, Amaury e quatro amigos formaram o "bloco dos enfermeiros" só para despistar o espirro do lança-perfume por trás da máscara hospitalar. "Cheirei sempre. Eu gostava. Era minha viagem intermunicipal. Digo isso porque nunca fiz a viagem interplanetária, que imagino que o uso da cocaína traga." Cocaína e maconha ele afirma nunca ter experimentado. "Vi tudo o que é tipo de gente cheirando no banheiro e na minha frente, mas tinha medo, talvez por lembrar dos conselhos do meu pai."

Nos últimos anos, Amaury tem na semana do Carnaval duas das festas mais importantes do calendário anual: o baile do Copacabana Palace, no Rio de Janeiro, e o baile da revista *Vogue*, em São Paulo.

O Copacabana Palace sempre foi um símbolo do Rio de Janeiro. As maiores personalidades estrangeiras estiveram lá, como Michael Jackson, Madonna, Walt Disney, Rolling Stones, Elizabeth Taylor, Marilyn Monroe, Brigitte Bardot e a princesa Diana. Fundado em 1923 por Octávio Guinle, o luxuoso hotel lançou sua festa de Carnaval um ano depois da inauguração, e nunca mais deixou de promover o evento. É o mais glamouroso e prestigiado baile de Carnaval do Rio — e também o mais caro. Um camarote para dez pessoas com vista para o palco e a orquestra custa 48 mil reais. Um convite individual vale dois mil. Um assento no Salão Nobre sai por 2,3 mil reais. Se for no Golden Room do Copa, fica em 3,1 mil reais. Todos têm direito a comida (frutos do mar, com camarão grande, sashimis e ceviches) e bebida (vodca Cirôc, champanhe Chandon e vinho branco e tinto) a noite toda. Mas o champanhe Veuve Clicquot é só para os que garantem as mesas e o camarote.

Televisionado há 27 anos por Amaury Junior, o baile tem o colunista como único autorizado a cobrir com câmera e microfone o que acontece nas sete horas de festa. Essa exclusividade fez o apresentador entrar na linha e seguir informalmente certas regrinhas sobre o que o hotel não gostaria de exibir. Por exemplo, vexames e barracos que eventualmente aconteçam não são mostrados. Apesar de Amaury ser da opinião de que toda festa, para fazer sucesso, "precisa de um pouco de diversidade", gays e drag queens que circulam aos montes têm sua presença reduzida na ilha de edição. Ficam de fora das imagens, principalmente, os pinguços que aparecem por todo canto. Em 2008, por exemplo, a direção do Copa não gostou da entrevista que Amaury fez com Narcisa Tamborindeguy, que estava visivelmente bêbada, a ponto de "pagar peitinho" frente às câmeras. Em 2015, Narcisa faltou ao baile, mas mandou sua irmã Alice, ex-deputada estadual pelo Rio de Janeiro. O apresentador a entrevistou na festa e tentou exibir novamente as imagens que haviam repercutido no célebre Carnaval de 2008: "Alice, eu sou seu admirador. Conheço seus projetos políticos, mas estou sentindo falta da Narcisa. Essa festa sem Narcisa falta uma peça (...). Olha aqui [às câmeras], a Narcisa protagonizou conosco num baile uma cena que sua mãe ficou brava comigo porque colocamos no ar. Coloca as imagens." Nesse momento, o apresentador foi repreendido por Alice: "Não, mamãe não gosta, não. A mamãe partia para dentro quando ela via que a coisa não estava de acordo com ela." Amaury atendeu e não exibiu a cena.

A edição de 2015 do baile, aliás, contou com uma novidade para a equipe do programa de Amaury: o hotel abriu os salões no dia anterior para o apresentador gravar a abertura do programa, entrevistar os organizadores e gravar cenas de figurantes jovens e bonitos dançando no salão. O objetivo era não ter câmeras ligadas nos salões por muito tempo e exibir gente bonita no vídeo. Quem poderia imaginar que alguns dos que aparecem entre uma entrevista e outra foram contratados um dia antes para gravar e falsear o ambiente do baile?

Os trechos a seguir são de entrevistas exibidas na edição de 2015.

Amaury: Alô, alô Brasil. Está começando o Carnaval do Copacabana Palace Magic Ball. Vivaaaa! [Entram *flashes* gravados na sexta-feira com figurantes dançando, malabaristas no palco, mulheres rebolando e sorrindo.] A partir desse momento, quero que vocês me acompanhem no Melindrosas Magic Ball. Quero que entrem comigo. Ficaremos no ar muito tempo mostrando todos os lances desse baile, cuja primeira edição foi realizada em 1924, um ano depois que o Copacabana Palace foi inaugurado no Rio de Janeiro. Nessa festa o tema vai reviver o Gatsby. Teremos melindrosas e tudo o que nos encantou no começo do século. Mulheres usando mechas onduladas, maquiagens dramáticas. E o que mais? Dançando jazz e charleston. É o baile mais importante de salão do Carnaval brasileiro.

CORTE 1 – É TUDO VERDADE?

Zeka Marquez, decorador e diretor do baile do Copa, está a postos esperando a entrevista. Os diálogos abaixo foram ao ar no programa. A equipe acha que houve exageros por parte do entrevistado e não sabe o que é verdade e o que não é. Tire suas próprias conclusões:

Amaury: Aqui está o grande criador, Zeka Marquez! Zeca, *bien venue, merci*. Sempre entrevisto o Zeka neste baile, fugazmente. Ele é uma figura que merece ser o personagem central de um grande livro. Artista plástico, cenógrafo, diretor artístico do baile do Copa há duas décadas, figurinista, decorador. Sua vida merece um livro.

Zeka: Este livro está sendo feito por um *ghost-writer*, em Paris. Então, é uma trajetória longa que parece um abrir e fechar de olhos. Começou no Rio Grande do Sul, e do Rio Grande do Sul vim para São Paulo, onde colaborei com Aparício Basílio da Silva [dono do perfume Rastro], que democratizou o luxo.

Amaury: O Aparício Basílio da Silva foi um dos seus namorados.

Zeka: Sabe de uma coisa? Nunca seduzi ninguém, fui seduzido. Eu só dou sorte com gente interessante, criativa e culta.

Amaury: Algumas coisas que me impressionam. [Olha para uma dália com todas as informações do entrevistado] Em 2014, [você] se casou com Anne Marie Gulam na Aquitânia, na França. O pai dela construiu a maior fortuna do sudoeste da França. Anne conheceu o Zeka há catorze anos, quando passou a viver num castelo. Teve presentes de casamento faraônicos. Você se transformou no herdeiro da fortuna e dos direitos da coleção de arte de Goya e Michelangelo. Tô exagerando?

Zeka: Não, é verdade. Ela eu gostaria que vivesse longamente, porque é um ser humano extraordinário. Misto de Peggy Guggenheim [colecionadora do século XX e sobrinha de Salomon Guggenheim, fundador de um dos grandes museus em Nova York] e Gertrude Stein [escritora e uma das grandes agitadoras intelectuais da Paris do começo do século XX]. É coisa de Hemingway, na época que Paris era uma festa. A mulher é divina, é a minha boneca, eu a visto de rainha Vitória. Ela tem as joias mais sublimes do mundo dentro de um palácio de quatro torres construído no século XI.

[Amaury percebe que Marquez se empolga com o tema e, sem que ninguém da produção tenha confirmação das afirmações, muda completamente de assunto:]

Amaury: O baile está uma maravilha. Fale um pouco deste tema. Você tá elegantérrimo. Zeka, só você sabe como carregar uma piteira. Mostre como é carregar uma piteira. É isso! É isso!

[Troca de cena.]

CORTE 2 – UM PAPO SEM PÉ NEM CABEÇA COM ROGÉRIA

Rogéria, ou Astolfo Barroso Pinto, aparece na entrada da festa, logo em seu início, e faz um paralelo entre os desdobramentos da Operação Lava Jato, que investiga a corrupção na Petrobras, e a sua própria honestidade:

Amaury: Você é uma pessoa muito de verdade. O que tem te irritado no Brasil de hoje?

Rogéria: Pelo amor de Deus, a começar pela roubalheira na

Petrobras, essa coisa horrorosa que as pessoas chegam para você e: "Mas gaaaaay." Eu digo "um gay maravilhoso chamado Rogéria, que não rouba ninguém." Isso é o mais importante. A grande vergonha não é a minha frescura, não é a Rogéria, não é o Astolfo. A vergonha que nós temos passado é que meus amigos de fora chegam: "O que está acontecendo?" É isso aí, porque a Rogéria é honesta.

Amaury: Chega de falar de política.

Rogéria: Um beijo. Se a canoa não virar, olê olê olá. Fica aí arrasando, porque o baile sem você não pode.

CORTE 3 — A MENTE DA MISS MÁRCIA GABRIELLE

Miss Brasil 1985, Márcia Gabrielle estava empolgada e cheia de novidades. Falou de seus estudos e do caso que repercutira em janeiro de 2015: durante o concurso de Miss Amazonas, a vice-campeã não aceitou o segundo lugar e, enquanto a coroa era entregue à vencedora da competição, voou para arrancá-la da cabeça da rival.

Márcia: Amaury, estivemos juntos no Japão, lembra?

Amaury: Fale de você hoje.

Márcia: Hoje eu estou estudando parapsicologia, hoje estudo a mente humana. Depois a gente conversa sobre essa coisa de mente humana. Por exemplo, o caso dessa miss, ela estava nas ondas gama, que são aquelas ondas que fazem assim, onde tem o maior índice de violência, de assassinato. Se estivesse nas ondas zen ou alfa, não teria cometido isso.

CORTE 4 — SOFÁ DA HEBE: SEMPRE CABE MAIS UM

Essa é uma amostra de como uma entrevista com Amaury Junior pode virar uma ação entre amigos. A conversa com Paula Fernandes acontecia enquanto personagens conhecidos da noite eram recrutados para falar durante a gravação.

A entrevista com a cantora demandou um esforço da equipe do colunista. No meio do salão, um dos produtores se identifica e avisa Paula que Amaury a está esperando. Ela aceita, o produtor a leva pelo braço até a sacada do Copa. Chegando lá, cadê o Amaury? Passam alguns minutos até que ele chega com as câmeras:

Amaury: Pronto. Encontrei um espaço. Paula, como você está linda.

Paula: Eu fico mandando recado, bilhete, tudo, e não consigo encontrar com você pessoalmente.

Amaury: Cadê seu namorado?

Paula: Amooooor. Vem cá. Vem cá, Henrique. Ele se chama Henrique do Valle. Ele é super tímido, Amaury.

Amaury: Ela exigiu que você fique aqui porque não pode deixar namorado assim solto em baile de Carnaval. Paula, vem cá, posso fazer uma coisa sem que você [Henrique] fique com ciúmes? Segura o microfone para mim aqui. [Passa o microfone para Henrique e pega na cintura da cantora] Quero ver a cintura da Paula Fernandes que é tão famosa. Eu sabia que dava na minha mããããoo. Eu sabia que dava na minha mãããããoo. [Risos altos] Tá tudo bem com você? Foi um ano maravilhoso que terminou e agora certamente está repleta de projetos para 2015.

Paula: Sem dúvida. Eu tô com um show novo, estreei como diretora do show, tem cenário em 3-D. Essa turnê me deu muitas alegrias no ano passado. Eu continuo levando o show para o Brasil todo, quero visitar lugares que não fui. Mas não posso revelar muito porque é surpresa.

Amaury: Você trabalhou bastante esse ano. Eu só te via em todos lugares, você era onipresente nas televisões daqui, dali. Você teve alguma chance de dar uma namorada?

Henrique: Sobra, sobra, um tempinho.

Amaury: Como vocês se conheceram? Deixa ele falar.

Henrique: Andando a cavalo. Fazendo o que a gente mais gosta.

Amaury: Onde?

Henrique: Na minha casa.

Paula: Fui fazer uma visita. Não o conhecia pessoalmente. Tínhamos um amigo em comum.

Amaury: Onde? Na fazenda?

Henrique: Na minha casa. Crio meus cavalos em casa.

Amaury: Onde?

Henrique: Em Brasília. Aí trabalhava na época, ele me apresentou.

Paula: Aí fui lá andar a cavalo na casa do amigo do meu amigo. De repente, não sabia que o amigo era um amigão.

Amaury: Vocês estão andando a cavalo há quanto tempo? Há quase três anos? Tem que casar. Tá na hora. Já fiz muito casamento nesse baile aqui. Tem projetos, Paula?

Paula: A gente tá sossegado. Tá bom assim.

[A promoter Liége Monteiro e o marido estão à espera para conversar com Amaury.]

Amaury: Liége Monteiro, conta tudo. Ela é nossa convidada sempre.

Marido de Liége [há tempo querendo falar]: Você sabe, Amaury, Liége e eu esse ano estamos nos desdobrando em cinco, porque além do baile do Copa, estamos fazendo o camarote da revista *Quem* e também da Grande Rio. Então imagina a quantidade de telefonemas que recebemos nos últimos dias.

Amaury: Eu imagino que vocês têm de desligar o celular para as pessoas não encherem.

Liége: Ah, eu atendo todo mundo.

Amaury: Mas aí, todo mundo quer.

Liége: Aí quando pode, eu atendo.

Amaury: Paula, nossa reverência a você. Sou seu fã incondicional. E você [Henrique], por favor, cuide dela em nome de todos nós.

[O promoter cearense Lázaro de Medeiros, o Lalá, está no entorno e é chamado.]

Amaury: Vem cá, Lalá, o Lalá vai te convidar para você passar uma temporada no Beach Park.

Paula: Adorooooo!

Lalá: Está convidada para escorregar no tobogã mais alto que tiver.

Amaury: Fala assim, Lalá, desde que você case e passe a lua de mel lá [risos].

[No canto da tela, Lalá aparece dando seu cartão para a cantora.]

Liége: Que prazer tê-lo no Rio de Janeiro.

[Amaury não responde.]

Amaury: Viva Paula Fernandes! Lalá, já tá entregando um cartão? Ela vai pro Beach Park?

Lalá: Ela vai comer a minha torta de coco que o Roberto Carlos adora.

Amaury: Não coma. Senão, não vamos conseguir pegar na cintura. Viva o Copa. Vamos pro Carnaval?

PARA TERMINAR

GATILHOS RÁPIDOS

São José do Rio Preto, início dos anos 1980. Amaury fazia ronda todas as noites pelas festas em busca de notas para sua coluna social no Diário Popular. Uma noite, quem dava a festa era Suely Leiva, mulher de Leivinha, famoso jogador palmeirense. Entre os convidados, estava Pelé. O jogador puxou Amaury num canto e disse:

— Tenho aqui fotos de uma menina que vai explodir de sucesso. Dá uma força a ela!

A loirinha era uma adolescente. Seu nome: Xuxa Meneghel.

*

Funcionário da Rede Globo há décadas, Roberto Carlos tem uma tática para dar entrevistas a Amaury Junior. Para driblar a cláusula do contrato de exclusividade com a emissora, que o obriga a conceder entrevistas apenas aos programas da Globo, Roberto coloca Dody Sirena, seu empresário há 23 anos, para armar uma muvuca dentro do camarim com artistas que o visitam depois da apresentação. É neste momento que Amaury liga as câmeras e aborda Roberto. A impressão é de que foi tudo espontâneo, mas há uma garantia prévia por parte de Dody da realização da entrevista. A cena montada desarma a Globo em caso de o canal alegar que a cláusula foi descumprida.

Em 2015, Roberto falou pela primeira vez da sua controversa aparição no filme *Tim Maia*, de Mauro Lima, sobretudo na cena em que um funcionário de Roberto amassa o dinheiro e joga no chão para Tim Maia, quando ele procura ajuda em São Paulo. "Muita coisa eu não vi acontecer. Aquele negócio do dinheiro que o secretário jogou, eu nunca soube disso. Não teria admitido que ninguém fizesse aquilo com ele", declarou. Contou também sobre vaidades e a opção pela medicina ortomolecular. "São muitas pílulas, cápsulas, suplementos, tudo muito dosado. Aquele whey [protein, suplemento alimentar], aquele shake de chocolate de que gosto muito."

*

Amaury conheceu Roberto Carlos ainda em São José do Rio Preto, nos tempos do mega sucesso "Quero que vá tudo pro inferno". Amaury já era colunista social e pediu ajuda a uma amiga riopretense que liderava o fã-clube do cantor na cidade. Ficaram amigos. Nas viagens seguintes à região, o Rei sempre encontrava o colunista. Roberto tinha uma expressão para falar do amigo: "Ele é do ramo!". Amaury não entendia, até perceber a mensagem subliminar quando o próprio Roberto fez-lhe a pergunta, com um olhar matreiro, numa ocasião em que os dois estavam cercados por moçoilas atraentes e perfumadas: "Você é do ramo, né?". O código fora decifrado. "Ser do ramo" significava gostar de mulher. Lembra Amaury: "Roberto era um puta comedor de mulher, comia todo mundo. Soube até de uma história em que transou num elevador em São Paulo, enquanto ele ia do primeiro ao décimo-primeiro andar. Era só no tchan, tchan, tchan!"

*

A entrevista da atriz Shirley MacLaine no *Flash* teve muita repercussão, pelos conselhos da atriz aos espectadores. Adepta de princípios espirituais antes de isso virar moda, ela repetiu segredos que faziam o sucesso de seu livro *Dançando na Luz* (Record):

— Comer muita maçã assada. Açúcar, só mascavo. Na banheira, coloque em cada canto um pedaço de cristal de quartzo. Nada melhor para a energização na hora do banho. Outra receita: sal num copo de água quente. Deve-se pousar o nariz na borda do copo e aspirar a água salgada. Purificam-se o nariz, a garganta e as fossas nasais, além de cortar resfriados no primeiro dia.

Amaury experimentou a do sal. Diz que é tiro e queda.

*

Tim Maia era o maior ombudsman do *Flash*, na Band. Quando estava em casa ou chegava de um show, ligava a TV para acompanhar o programa. No término ou na manhã seguinte, ligava para produção para falar com um estagiário. Queria comentar a edição anterior.

— Porra, a entrevista do Amaury ontem estava uma bosta.

Desligava o telefone. Outras vezes, ligava para falar bem:

— Diga ao Amaury que o programa ontem tava bom.

As ligações eram tantas que, depois de um tempo, o estagiário desabafou:

— Pô, o pentelho do Tim Maia ligou de novo.

*

Na casa de Juarez Machado na França, Amaury pergunta ao artista plástico, natural de Joinville e hoje residente em Paris:

— Juarez, por que você não trabalha no Brasil, onde a crítica o trata com tanta reverência?

— É que Paris me deixa de pincel duro!

*

A cantora Marina Lima assumiu ser bissexual no *Flash* e fez um apelo para todos prestarem mais atenção à sua música. Disse que sempre adivinhou no olhar dos jornalistas o desejo que ela tinha de se abrir quanto à sua sexualidade. Aproveitou a entrevista, fez a confissão e deu o caso por encerrado:

— Agora quero que todos se aproximem de mim só para falarmos de música.

*

Nunca se sabe qual será a reação de um entrevistado quando abordado de surpresa. Uma das poucas grosserias que Amaury recebeu partiu do ator Charles Bronson, numa festa em Los Angeles. Fecharam a badalada avenida Rodeo Drive e instalaram quiosques dos restaurantes mais importantes do estado da Califórnia numa agitada noite, que teve sua renda dedicada à pesquisa do câncer. Amaury se apresentou a Bronson:

— Olá, sou um jornalista brasileiro e a intenção é mostrar ao meu país esta original ideia para arrecadar fundos.

Bronson mudou o semblante.

— Brasil? Onde fica o Brasil? É um país, o que é?

Ele estava de gozação. "Não adianta, quando estamos fora do nosso país, o nosso patriotismo fica aguçado. No Brasil, temos complexo de vira-lata, como dizia Nelson Rodrigues. Lá fora, os brios ficam sensíveis", lembra o colunista.

— Não, sr. Bronson, o Brasil é aquele país que já engordou sua conta bancária muitas vezes, mandando-lhe dinheiro das bilheterias de seus filmes canastrões. Só que agora temos um novo Brasil, que já decretou a sua decadência. Quero dar oportunidade de você recuperar o prestígio.

"Esperei pelo pior. O homem ficou tão furioso que se conteve para não me agredir. Saí feliz da Rodeo Drive."

*

Dois momentos de tensão na gravação de *Flash*. O primeiro foi com Grande Otelo. Em plena entrevista, o ator ficou pálido, as palavras começaram a lhe faltar. Amaury gelou, a produção entrou em pânico, até que foram obrigados a parar, embora a câmera continuasse gravando. Otelo sofrera um princípio de infarto. Uma ambulância levou o ator e a entrevista foi ao ar incompleta. Dois meses depois, outro infarto, este fulminante, levaria Grande Otelo de vez.

A segunda foi com Sérgio Mallandro. Com o sucesso de suas pegadinhas com câmeras escondidas, Mallandro foi convidado para mostrar as melhores de seu programa da CNT. Ele chegou ao estúdio e se queixou de dor de cabeça. Falou que a dor persistia há um ano e que, no dia seguinte, tinha consulta no neurologista. Antes da gravação, Mallandro se curvou e fez cara de sofrimento. Com as câmeras ligadas, o apresentador começou a ver os olhos do entrevistado se fecharem, sua boca espumar, até que ele desmaiou no colo de Amaury. Foi um corre-corre. A produção providenciou um médico. Minutos depois, veio a revelação: tratava-se de uma pegadinha e todos estavam cientes, menos Amaury. A espuma foi feita com ajuda de Sonrisal.

*

Dona Lila Covas contou certa vez para Amaury que mantém um canal de comunicação espiritual com Mário Covas. O político estaria muito bem do outro lado, mas de olho nos acontecimentos daqui. Dona Lila falou com tanta naturalidade que não se deu conta da repercussão que a declaração causaria. Arrependida depois que toda a imprensa caiu em cima, ela passou a negar. Mesmo assim, nunca deixou de frequentar sessões espíritas.

*

Em 1992, a atriz Beatriz Segall fez uma revelação no *Flash*. Duas décadas antes, ela era atriz principal e produtora da peça *Frank V*. No elenco, estavam os atores Carlos Augusto Strazzer, Sérgio Mamberti, Esther Góes e Renato Borghi. Conhecida pelo seu perfeccionismo, ela nunca admitiu falhas e erros. Numa apresentação, porém, Beatriz passou pelo maior tormento que um ator pode enfrentar em cena: teve branco. Esqueceu o texto. Era a última coisa que queria que lhe acontecesse perante o elenco. Sua solução foi simular uma forte dor no tórax. Saiu do palco, fez o espetáculo paralisar. A plateia ficou apreensiva, porque ela aparentava ter tido um ataque cardíaco. A produção chamou a ambulância, um médico colocou um balão de oxigênio, e Beatriz seguiu firme e forte em sua encenação. Só depois de algum tempo, quieta, ela começou a dizer que tudo estava bem. Só em entrevista a Amaury, anos depois, Beatriz contou que fingiu tudo aquilo para acobertar o branco.

*

Amaury espera para gravar e escuta uma senhora, um tanto receosa, se aproximar do paisagista brasileiro Burle Marx:

— É verdade que há pessoas que conversam com as plantas, fazem carinho nos antúrios, beijam carinhosamente as margaridas, colocam músicas clássicas e é assim que elas ficam mais belas e formosas?

— Não, minha senhora. Planta só gosta de duas coisas: água e bosta. O resto é conversa.

FRASES & PIMENTAS

Não há boa entrevista sem bom entrevistador. Em mais de três décadas de carreira no colunismo social eletrônico, Amaury sempre prezou por tirar de seus entrevistados as melhores frases. Também colecionou muitas delas em uma espécie de diário registrado em seu computador pessoal, com entrevistas e citações que escutou ou leu pela imprensa. Abaixo algumas frases que ouviu, leu, colecionou ou que foram ditas em entrevistas em seus programas:

"O jornalismo do Amaury vai do útil ao fútil. Mas nunca esbarra no inútil."

Washington Olivetto, publicitário.

"Celebridade é a pessoa que trabalha duro a vida inteira para se tornar conhecida e depois passar a usar óculos escuros para não ser reconhecida."

Fred Allen, comediante.

"O público precisa das imagens dos vencedores, para sonhar. As histórias dos perdedores servem para sofrer e se consolar."

Ignácio de Loyola Brandão, escritor.

"Não se deslumbre com o sucesso, nem se desespere com o fracasso. Os dois passam."

Rita Lee, cantora.

"A humanidade é aborrecida porque está duas doses atrasada."

David Niven, ator.

"Rico casa com rico. Não é questão de interesse, mas de praticidade. Quando rico se casa com pobre, vira novela."

Elizabeth Savalla, atriz.

"Deixei de acreditar em Papai Noel quando minha mãe me levou a uma loja para vê-lo e ele me pediu um autógrafo."

Shirley Temple, a mais célebre atriz infantil do cinema americano.

"A cultura não é um substitutivo da vida, senão a chave para chegar a ela."

Douglas Malloch, poeta americano.

"Seja agradável com as pessoas enquanto estiver subindo, porque você cruzará de novo com elas quando estiver descendo."

Wilson Mizner, dramaturgo.

"A riqueza não traz felicidade. Mas, com ela, nós podemos escolher a espécie de infelicidade que nos é mais agradável. E, depois, prefiro ser infeliz em Paris."

Millôr Fernandes, cartunista e gênio.

"Não sou mais emergente, emergi. O pior é submergir."

Vera Loyola, empresária e socialite.

"As pessoas ricas perdem uma das grandes emoções da vida: pagar a última prestação do carro."

Jackson Brown, escritor.

"Fazer plástica é como passar o rosto a ferro. Você não sai de casa com a roupa amassada, sai?"

Tônia Carrero, atriz.

"Uma pessoa só pode ter certeza de que está realmente milionária quando os parentes começam a desejar que ela morra."

Max Nunes, humorista.

"Se as mulheres não existissem, todo o dinheiro do mundo não teria o menor significado."

Aristóteles Onassis, armador grego e um dos homens mais ricos do mundo.

"Quando eu era jovem, pensava que o dinheiro era a coisa mais importante do mundo. Hoje tenho certeza."

Oscar Wilde, escritor.

"As pessoas leem Playboy pela mesma razão que leem National Geographic: para ver lugares que jamais irão visitar."

Walter Longo, executivo.

"Há homens que, por dinheiro, são capazes até de uma boa ação."

Nelson Rodrigues, dramaturgo.

PUBLISHER
Kaíke Nanne

EDITORA EXECUTIVA
Carolina Chagas

COORDENADORA DE PRODUÇÃO
Thalita Aragão Ramalho

PRODUÇÃO EDITORIAL
Jaciara Lima

EDIÇÃO DE TEXTO
Isabela Boscov

PREPARAÇÃO DE TEXTO
Marilia Lamas

REVISÃO
Marcela Isensee

DIAGRAMAÇÃO, PROJETO GRÁFICO E CAPA
Mayu Tanaka e Dushka (estudio vintenove)

FOTO DE CAPA
Sergio Dutti

TRATAMENTO DE IMAGENS
Adiel Nunes Ferreira

Este livro foi impresso no Rio de Janeiro, em 2015,
Pela Edigráfica, para a HarperCollins Brasil.
A fonte usada no miolo é Berkeley Oldstyle Book, corpo 11/14,75.
O papel do miolo é avena 70g/m², e o da capa é cartão 250g/m².